Física de los sistemas cerrados: Adicciones

Experiencia humana holográfica de sistema abierto

Janey Marvin

Física de los sistemas cerrados: Adicciones
Experiencia humana holográfica de sistema abierto

Derechos de Autor © 2021 por Janey Marvin.

Tapa blanda ISBN: 978-1-63812-226-5
Tapa dura ISBN: 978-1-63812-228-9
Libro Electrónico ISBN: 978-1-63812-227-2

Todos los derechos reservados. Está prohibida la producción y distribución de cualquier parte de este libro en cualquier forma o por cualquier medio, electrónico o mecánico, incluyendo fotocopias, grabaciones o cualquier sistema de almacenamiento y recuperación de información, sin el permiso por escrito del propietario del copyright.

Las opiniones expresadas en esta obra son exclusivamente las del autor y no reflejan necesariamente la opinión del editor, que por tanto declina toda responsabilidad al respecto.

Publicado por Pen Culture Solutions 04/04/2022

Pen Culture Solutions
1-888-727-7204 (USA)
1-800-950-458 (Australia)
support@penculturesolutions.com

Contenido

Introducción vii

Capítulo 1	Los Sistemas Cerrados Son Sistemas Adictivos..................	1
Capítulo 2	Los Límites Del Sistema Cerrado No Son Flexibles/ Permeables	15
Capítulo 3	Deseos, Sueños Y Metas Perdidas..	26
Capítulo 4	Física De Las Adicciones	56
Capítulo 5	La Causa De Los Sistemas Cerrados	83
Capítulo 6	Sistemas Abiertos	92
Capítulo 7	Tiempo Y Adicciones	102
Capítulo 8	Incapacidad..	113
Capítulo 9	Memoria Y Adicciones	119
Capítulo 10	Otros Efectos De Las Adicciones	127
Capítulo 11	Identidad Y Adicciones	132

Sobre la Autora.. 147

Open vs. Closed System

World View
Quantity and Exponent

DATA
Admit / Deny

INFORMATION
Accept/Refuse

KNOWLEDGE
Express/Repress

Self View
Power and Function

Cycles through limiting beliefs and dysfunctional patterns

Introducción

Teoría de la Transformación Humana Holográfica La "Física de los Sistemas Cerrados" se origina en la Teoría Humana Holográfica. La Teoría Humana Holográfica incorpora la sabiduría de los antiguos griegos y se basa en tres simples palabras en la entrada del Templo de Delfos: Conócete a ti mismo.

La Teoría de la Transformación Humana Holográfica nos permite conocer nuestro mundo interior, nuestro yo subconsciente que ha estado dirigiendo nuestras vidas a lo largo de toda la mortalidad. Todos nuestros miedos, odios, envidias, penas, ansiedades, todo lo que creíamos que formaba parte de nosotros y del mundo. Todo lo que experimentamos como nuestra Realidad, Identidad. CI, Emoción, Pensamiento, Físico, todo nuestro ser es programación subconsciente. Los griegos sabían esto, y conocían la Naturaleza del ser interior: su Estructura, sus Patrones y sus Procesos. La Teoría Humana Holográfica y la Teoría de la Transformación es una investigación que se ha reunido tras años de investigación e implementación.

Estudió la Teoría Humana Holográfica desde 1996 después de asistir a un fin de semana de formación de Michael Miller sobre ella. No podía dejar de leerlo. Investigué cada una de las palabras de su libro que recibieron en la formación y que tienen que ver con la Teoría Humana Holográfica. Incluyendo palabras simples como "es", "de", "es", "como". Investigue palabras que nunca había utilizado. Investigue en diccionarios, tesauros, escrituras, física y física cuántica. Investigue a Einstein, a Max Planck, a Thomas Kuhn ya muchos otros físicos a cuyos trabajos me llevaron a la investigación. Mi proceso de investigación consistió en reunir primero los datos de todas y cada una de las fuentes que se correspondían con mi investigación y conocimiento de las escrituras. palabra y luego escribí un diálogo de información a partir de los datos de la palabra y creé teorías correspondientes al Humano Holográfico. Por último, practiqué y apliqué la información y las teorías de los datos y el diálogo y repetí desde el primer paso de mi investigación, recogiendo cualquier dato nuevo que encontrara durante la etapa de aplicación, lo que conduce a un mayor conocimiento.

Este libro es uno de los muchos que he escrito y seguiré escribiendo sobre el Humano Holográfico y la Teoría de la Transformación Humana Holográfica porque la información es abundante.

La Teoría Humana Holográfica consiste en muchas naturalezas diferentes de conocerte a ti mismo: La lingüística, las neuronas-firmas del SNC, los sentidos humanos (7) sus funciones e inteligencia cada órgano y sistema del cuerpo y su función abstracta e inteligencia individual, y la naturaleza todo esto corresponde en conjunto para hacernos "Ser". La lingüística, las activaciones de las neuronas del SNC, los sentidos humanos (7) sus funciones e inteligencia cada órgano y sistema del cuerpo y su función abstracta e inteligencia individual, y la naturaleza todo ello se corresponden conjuntamente para hacernos "Ser". Mucho de lo que no es dirigido por la conciencia fue conocido por los antiguos griegos y se transmite en la Teoría Humana Holográfica. La Teoría Humana Holográfica te enseña a reconocer todas estas funciones subconscientes, a conocer sus inteligencias, y la naturaleza para "conocerte a ti mismo". Te enseña, junto con las técnicas que él desarrolló basado en sus funciones, la manera de "sanar tu yo".

Todas las funciones conscientes son para que nuestro "Ser" perciba lo que le dice el subconsciente, lo evalúe, lo juzgue y luego decida al respecto. Todo lo demás, que hemos conocido como "Ser", es sólo programación subconsciente. Incluso lo que el consciente llega a percibir "sobre sí mismo".

Llevo haciéndolo desde 1996. Tengo miles de trabajos e ilustraciones; lo he enseñado como parte de nuestra clase educativa en nuestro centro de tratamiento. Estoy escribiendo libros para otros profesionales y cualquier persona interesada. Creó cientos de técnicas experienciales para aplicar la información más fácilmente en entornos grupales e individuales. Hago entrenamientos, coaching. He trabajado en Servicios Humanos desde 1976. Tengo mi propio programa de tratamiento desde 1993. Recibí mi Master en Hipnoterapia y me certifiqué con la Asociación Internacional de Hipnoterapia Médico Dental en Hipno-anestesia en 1994. Fui una de las tres personas al oeste del Mississippi certificado por ellos para hacer Hipnoanestesia. Tuve que aprender la estructura, los patrones y los procesos de las funciones del cerebro y de los órganos y sistemas del cuerpo y la correspondencia y las consecuencias conscientes. Ya sabiendo estas cosas entonces con sólo ver un fin de semana de formación del Humano Holográfico supe que había un valor mayor de lo que se había conocido todavía.

Me encanta el trabajo que hago. Me encanta creer que cuando una persona conoce el camino que le ayudará a convertirse en un ser más grande, lo elegirá.

"Creo en Dios, el Padre Eterno y en su Hijo, Jesucristo y en el Espíritu Santo", el Primer Artículo de Fe de la Iglesia de Jesucristo de los Santos de los Últimos Días. Creo que todos somos hijos de Dios. Creo que es Su obra y Su gloria "llevar a cabo la inmortalidad y la vida eterna del hombre".

Él nos dio a todos el Evangelio de Jesucristo de los Santos de los Últimos Días; nos creó para que volviéramos a Él para obtener la inmortalidad y la vida eterna. Creo que "un hombre no puede salvarse en la ignorancia", DyC 131:6. Creo que "si hay algo virtuoso, hermoso o de buena reputación, buscamos estas cosas", Decimotercer Artículo de Fe de la Iglesia de Jesucristo de los Santos de los Últimos Días.

Creo que Lucifer te dirá 99 verdades para que creas 1 mentira. Las escrituras son un recurso importante de mi investigación.

La Teoría Humana Holográfica y la Teoría de la Transformación Humana Holográfica te enseñan sobre tu ser interior, el ser que ha sido un misterio para todos nosotros durante la mayor parte de nuestra mortalidad. Las consecuencias de no conocer tu yo (nuestros programas subconscientes): Es la desesperación, el dolor, la enfermedad, la depresión, todos los problemas mortales ya sean mentales, emocionales o físicos son las consecuencias de no conocer nuestro yo interior.

Este libro enseña el propósito y los orígenes de cualquier adicción y te guía paso a paso para superarla. Ya sea que la adicción sea tuya personalmente o de algún ser querido, el proceso es el mismo, la estructura y los patrones de la adicción son siempre los mismos.

Edición - Sean Nagel

Asistente de edición – Linda Dimmick

Imágenes y gráficos - Joel Christie

Capitulo 1

LOS SISTEMAS CERRADOS SON SISTEMAS ADICTIVOS

Este no es un libro de los Doce Pasos, sin embargo, hay muchas referencias y grupos de apoyo que se pueden encontrar fácilmente en Internet y en tu comunidad local para la ayuda de los Doce Pasos. Este libro proviene de mis experiencias, mis conocimientos y, por supuesto, mis creencias.

Yo digo: "La adicción no es sólo un problema del adicto. Una sola persona no hace un adicto alcohólico. Se necesitó un equipo para meternos en nuestra adicción y se necesita un equipo para sacarnos y mantenernos fuera de ella."

Yo soy un adicto, mi padre era un alcohólico y su padre era un alcohólico. El problema familiar con la adicción va en muchas direcciones diferentes en el Árbol Genealógico. Hay una escritura que contempla que dice que los pecados de los padres están en la cabeza de los hijos por cuatro generaciones. Lo sé, esto no es siempre el caso, si todos en las historias de la genealogía están siendo veraces. Yo y mis hermanos tenemos diferentes rasgos de nuestros padres, algunos son buenos y otros hemos trabajado para superarlos.

El hecho es que nadie, nadie, se levantó una mañana tras una buena noche de descanso, bostezó, se estiró y pensó: "Creo que hoy me convertiré en un adicto o un alcohólico". Las adicciones pueden cambiar rápidamente de una sustancia a otra. Sin embargo, la adicción en sí proviene de nuestro interior. No importa cuál sea la droga, el alcohol o la adicción, simplemente no sucede así. Es un proceso que ocurre durante un periodo de tiempo, es una combinación de muchos recuerdos, programas, modelos y creencias diferentes. El factor común al camino de la adicción es simpatizar y consentir creencias contrarias a nuestro verdadero ser. Simpatizar se debe a una relación entre las personas o una cosa en la que lo que afecta a uno afecta de forma similar al otro. Esto provoca un sentimiento de lealtad y una tendencia a favorecer o apoyar a la otra persona o cosa en contra de nuestras verdaderas creencias. La indulgencia indica una naturaleza tolerante o indulgente hasta el punto de dar rienda suelta a los demás hasta el exceso. Esta tolerancia e indulgencia de las creencias contrarias puede comenzar muy inocentemente en su apariencia externa, como simples elecciones pobres. Malas elecciones de las que estamos totalmente convencidos de que son las correctas, aunque sean contrarias a nuestro verdadero ser. Es más probable que un Sistema Cerrado tome malas decisiones de esta manera que un Sistema Abierto. Un Sistema Cerrado es más probable que simpatice y se complazca hasta un punto de exceso. Hablo de lo contrario a nuestras verdaderas creencias, creencias que conocemos y valoramos conscientemente. Un Sistema Cerrado es más probable que vaya en contra de sus verdaderas creencias internas que un Sistema Abierto. El entorno es el desencadenante de la mala elección y la percepción del entorno es lo realmente necesario para que el verdadero yo crezca. La forma en que el individuo percibe el entorno es el principal factor que desencadena la respuesta del Sistema Cerrado. Los Sistemas Cerrados ven el entorno de formas específicas que, a su vez, desencadenan que las verdaderas creencias del ser interior se vuelvan disfuncionales. Los Sistemas Cerrados niegan que el entorno tenga que ver con ellos, se niegan a aceptar la retroalimentación del entorno y son muy hábiles incluso para ignorar el entorno. Un Sistema Cerrado continúa volviéndose más disfuncional dentro de sí mismo mientras continúa culpando al entorno por su disfunción. Los Sistemas Cerrados pueden sentirse seguros y protegidos e incluso puede parecer que están funcionando desde su propio punto de vista, pero el proceso sigue siendo el mismo, niegan incluso que están negando. Un Sistema Cerrado puede que no pierda nada en realidad, sin embargo un Sistema Cerrado tampoco ganará nada. se niegan a aceptar la retroalimentación del entorno y son muy hábiles incluso para ignorar el entorno. Un Sistema

Cerrado continúa volviéndose más disfuncional dentro de sí mismo mientras continúa culpando al entorno por su disfunción. Los Sistemas Cerrados pueden sentirse seguros y protegidos e incluso puede parecer que están funcionando desde su propio punto de vista, pero el proceso sigue siendo el mismo, niegan incluso que están negando. Un Sistema Cerrado puede que no pierda nada en realidad, sin embargo un Sistema Cerrado tampoco ganará nada. se niegan a aceptar la retroalimentación del entorno y son muy hábiles incluso para ignorar el entorno. Un Sistema Cerrado continúa volviéndose más disfuncional dentro de sí mismo mientras continúa culpando al entorno por su disfunción. Los Sistemas Cerrados pueden sentirse seguros y protegidos e incluso puede parecer que están funcionando desde su propio punto de vista, pero el proceso sigue siendo el mismo, niegan incluso que están negando. Un Sistema Cerrado puede que no pierda nada en realidad, sin embargo un Sistema Cerrado tampoco ganará nada. Los Sistemas Cerrados pueden sentirse seguros y protegidos e incluso puede parecer que están funcionando desde su propio punto de vista, pero el proceso sigue siendo el mismo, niegan incluso que están negando. Un Sistema Cerrado puede que no pierda nada en realidad, sin embargo un Sistema Cerrado tampoco ganará nada. Los Sistemas Cerrados pueden sentirse seguros y protegidos e incluso puede parecer que están funcionando desde su propio punto de vista, pero el proceso sigue siendo el mismo, niegan incluso que están negando. Un Sistema Cerrado puede que no pierda nada en realidad, sin embargo un Sistema Cerrado tampoco ganará nada.

No es fácil tener un ser querido con una adicción ni tampoco es fácil ser el adicto. Todos somos seres humanos tenemos fragilidades, simpatías y muchas inconsistencias por nuestra propia naturaleza de ser humanos. "El hombre natural es enemigo de Dios". Todos tenemos sistemas internos similares, órganos, modelos de programas y procesos por los que operan. Los modelos y procesos del

La forma en que la mente, las emociones, los comportamientos y las creencias se desarrollan y funcionan es la misma por el mero hecho de ser humanos. Todos podemos tener pensamientos, emociones, comportamientos y creencias diferentes. Sin embargo, la naturaleza de su desarrollo es la misma de persona a persona. Aunque el ser humano es la creación más inteligente que conocemos, la forma en que funciona el cerebro humano va en contra de nuestra progresión en ocasiones. La propia experiencia de la vida puede hacer que una persona tenga ansiedad al estar rodeada de otros. Algunas personas carecen de confianza, otras tienen una baja autoestima. Los seres humanos no sólo juzgan mal a los demás, sino que se juzgan mal a sí mismos. Los seres humanos, por su propia naturaleza, tienen insuficiencias, debilidades, miedos, dudas, emociones abrumadoras o negativas. A veces no entendemos las cosas dependiendo de nuestra experiencia vital y de la percepción consciente de la experiencia. Los seres humanos tienen la tendencia a negar rápidamente no sólo sus comportamientos sino también sus pensamientos y sentimientos. Esta negación puede llegar al punto de convencernos de que no pensamos o pensamos de cierta manera. Este tipo de programas y respuestas son una parte natural de nuestra estructura, patrones y procesos humanos. Por nuestra propia naturaleza somos un enemigo de Dios y un peligro para nuestra propia felicidad y progresión. El mero hecho de tener fe o incluso esperanza en una cosa puede provocar una respuesta automática de duda en uno mismo o en otro. Gran parte de la naturaleza del ser humano debe ser superada para que un ser humano pueda cambiar, progresar,

Una pequeña parte del cerebro humano es objetiva, a la que llamamos consciente. El consciente es la única parte del cerebro capaz de percibir, evaluar, juzgar o decidir.

Me cuesta decir las cosas como son o irme por las ramas para no ofender a nadie. El hecho es que no hay tiempo para andarse con rodeos. La adicción está destruyendo al adicto, a sus familias, a la comunidad, y esto puede continuar durante generaciones o puede detenerse. La elección es nuestra. Ayudar al adicto puede ser bastante difícil de por sí, luego está el proceso de ayudar a la familia a sanar y superar. La parte subconsciente del cerebro humano no piensa, solo procesa y almacena datos. La parte consciente del cerebro le dice al subconsciente lo que percibe, evalúa, juzga y decide sobre los datos. El subconsciente entonces procesa esos datos conscientes sobre los datos y los almacena con los datos.

Nosotros somos responsables de nuestros propios programas subconscientes basados en el entorno en el que nos encontramos y nuestras opiniones y decisiones conscientes sobre nuestro entorno. Si tenemos adicciones somos Sistemas Cerrados, si tenemos familiares con adicciones somos Sistemas Cerrados. Un Sistema Cerrado responde a los datos y la retroalimentación en su entorno simplemente negando la retroalimentación. Un sistema cerrado responde a los datos y la retroalimentación en su entorno negándose a soportar la retroalimentación. Un sistema cerrado responde a los datos y la retroalimentación en su entorno simplemente ignorando o disminuyendo la retroalimentación para que no tenga ninguna importancia.

En términos generales, todo lo que la familia realmente desea es recuperar a su ser querido. En el proceso, sin embargo, se han dicho y hecho muchas cosas que han causado mucho dolor. El dolor no desaparece solo, hay un proceso de superación de nuestro dolor al igual que hay un proceso de superación de una adicción. Se necesita una comunidad para sanar.

Hay diferentes componentes necesarios para ser un adicto y seguir siendo un adicto. Un adicto debe ser lo que se llama un Sistema Cerrado y se necesita un Sistema Cerrado para crear una adicción. Un Sistema Abierto no creará adicción ni un adicto. Un Sistema Cerrado sólo es capaz de duplicarse a sí mismo. Un Sistema Abierto es capaz de trabajar continuamente con su entorno para superar cualquier debilidad del sistema, para desarrollar cualquier potencial dentro de sí mismo. Un Sistema Cerrado es fácil de ser, parecen estables, son predecibles y hay pocas cosas que tolerará un sistema cerrado. Ser predecible simplemente significa que cuando reciben retroalimentación de su entorno, tienen una forma consistente de responder a la retroalimentación. Un Sistema Cerrado es un individuo en el que ya sabes si va a responder positiva o negativamente a una situación. Sus respuestas son tan automáticas que muchas veces otras personas de su entorno ni siquiera se les acercan porque ya conocen la respuesta del sistema cerrado. Un sistema cerrado no crece, cree que lo hace, pero un sistema cerrado no puede ganar nada. Un Sistema Abierto es capaz de superar cualquier cosa y aprenderá y crecerá para comprender todas las cosas en su entorno. Un sistema cerrado incluso negará que está cerrado. Las cosas son tradicionales, estandarizadas y cualquier cosa que suceda en el entorno será negada, rechazada o reprimida por el sistema cerrado. Como resultado de todos estos problemas, en el Un Sistema Abierto es capaz de superar cualquier cosa y aprenderá y crecerá para comprender todas las cosas en su entorno. Un sistema cerrado incluso negará que está cerrado. Las cosas son tradicionales, estandarizadas y cualquier cosa que suceda en el entorno será negada, rechazada o reprimida por el sistema cerrado. Como resultado de todos estos problemas, en el Un Sistema Abierto es capaz de superar cualquier cosa y aprenderá y crecerá para comprender todas las cosas en su entorno. Un sistema cerrado incluso negará que está cerrado. Las cosas son tradicionales, estandarizadas y cualquier cosa que suceda en el entorno será negada, rechazada o reprimida por el sistema cerrado. Como resultado de todos estos problemas, en el

Los entornos de sistemas cerrados nunca se abordan. Esto podría estar muy bien si es solo un problema de plomería. Cuando se trata de un problema con un ser humano, las consecuencias de negar, rechazar o reprimir el problema solo agregan combustible al fuego del problema. Un Sistema Abierto admite, acepta y expresa sobre el problema de plomería y del individuo. No siempre es fácil ser abierto, no estamos entrenados, criados ni programados para ser abiertos. Como niños inocentes nacemos Sistemas Abiertos. Nuestro entorno y todo lo que hay en él nos fascina y llama nuestra atención y, después de un período de tiempo, un bebé incluso comenzará a responder a la retroalimentación de su entorno. A medida que crecemos y somos programados por nuestros cuidadores, nuestra cultura, sociedad y otros, gradualmente nos convertimos en sistemas cerrados. Nos convertimos en sistemas cerrados porque nuestros cuidadores son sistemas cerrados, nuestra cultura, sociedad y demás son sistemas cerrados. Otra vez. ¿Qué es exactamente un sistema cerrado? Un Sistema Cerrado es un sistema que niega la información que sucede a su alrededor, puede ser tan simple como decir, "No, no escuché lo que dijiste", y luego dejarlo ahí. Negar puede parecer inocente, aunque sigue siendo la señal de un sistema cerrado. Un sistema cerrado rechazará la información que pasa en su entorno; esto podría volverse más emocional que simplemente negar. Negarse puede ser una respuesta tan simple como: "No, no escuché lo que dijiste y, francamente, no me interesa tu opinión". Reprimir la información que sucede en el entorno podría implicar una acción sobre la información que podría insinuar que realmente no le importa, algo tan simple como simplemente alejarse e ignorar. Sé que nadie es perfecto, y no estoy hablando de ser perfecto, Simplemente estoy explicando la Teoría de la Transformación Humana Holográfica de un Sistema Abierto versus un Sistema Cerrado. Un sistema cerrado se puede crear fácilmente y un sistema abierto no creará un sistema cerrado. El hecho es que un sistema abierto sea un entorno en el que todos los demás sistemas puedan crecer, desarrollar y aprender en.

Solía recibir nalgadas por portarme mal. Ahora, como padre, puedes meterte en problemas por disciplinar físicamente a tu hijo. No estoy defendiendo las nalgadas ni hablando en contra de ellas. Solo digo esto, cualquiera que sea la retroalimentación que se produzca en el entorno, se produce por una buena razón. En algunas escuelas en los Estados Unidos, incluso los niños llevan armas a la escuela, un sistema cerrado opta por lidiar con esto haciendo que la policía o los guardias de seguridad revisen y porten armas.

Esta es una respuesta de sistema cerrado. Negar, Rechazar, Reprimir, esto es negarse y un intento de simplemente reprimir el comportamiento. "No, mi hijo no haría eso". "No voy a aguantar eso, les daré armas a los maestros para protegerse de sus alumnos". "¿Armas? Los niños que llevan armas en la escuela, estoy seguro de que hay una buena razón, en realidad no van a lastimar a nadie". Estos son ejemplos simples de una respuesta de sistema cerrado. La simple previsibilidad de la respuesta del sistema cerrado se convierte en un recurso para hacer que los problemas sean más extremos y los individuos del sistema cerrado involucrados encuentren más formas de manipular el sistema cerrado. El sistema cerrado simplemente continúa más y más cerrado, predecible y sin poder reconocer verdaderamente ninguna solución real a ningún problema. El sistema cerrado responde a la superficie del problema para simplemente hacer que se niegue a sí mismo, responde con enojo para intimidarlo para que no continúe y finalmente simplemente justifica o minimiza el problema. Este proceso hace que el sistema cerrado se sienta fuerte y estable al principio hasta que llega al estado de justificarlo de alguna manera. El sistema cerrado es un proceso de justificación y minimización de las creencias limitantes propias del sistema en lugar de estar abierto y dispuesto a crecer como sistema y cambiar para satisfacer el cambio y las necesidades de los individuos en su entorno.

Hay diferentes sistemas, incluso siendo humanos por nuestra naturaleza como individuos, somos sistemas y también hay sistemas creados por el hombre. Una familia es un sistema; los negocios son sistemas, la naturaleza misma es un sistema. Los seres humanos como individuos se unen en diferentes sistemas como la familia y la sociedad, todos estos son sistemas. Un sistema se define como un grupo interdependiente de elementos o individuos que forman un todo unificado. Estos grupos interactúan bajo la influencia de fuerzas afines, fuerzas similares organizadas con procedimientos establecidos. Los sistemas tienen un propósito común y naturalmente tienden a un estado de equilibrio. Los sistemas por naturaleza como sociedad o sistema social se vuelven embrutecedores u opresivos. Los sistemas por naturaleza no son cerrados, se cierran por error sistémico.

Un Sistema Cerrado es un Sistema Adictivo y la mayor tragedia es que un Sistema Cerrado está huyendo y tratando de esconderse del Innegable, el Ser, dentro del sistema. Los problemas dentro del sistema son indicadores

de problemas (dentro) que el sistema ya tiene, tal como ha estado existiendo y ha establecido que sea. Negar, rechazar y reprimir el sistema en sí mismo es inexacto, y el problema en el entorno es inherente al sistema. Como individuos, ¿con qué frecuencia nos ponemos de pie y admitimos nuestras debilidades, o aceptamos que somos capaces y estamos listos para desarrollarnos más? ¿Con qué frecuencia expresamos progresión en nuestros comportamientos? Como sociedad, no admitimos muchos de los problemas de nuestras propias comunidades y mucho menos aceptamos que podemos ayudar y expresar con nuestros comportamientos formas de ayudar. A menudo, aquellos que admiten, aceptan y expresan son considerados simpatizantes e indulgentes, incluso considerados poco inteligentes. Este proceso se vuelve adicto a sí mismo a sus propios principios, ideas, identidad, y si esto no cambia, por la naturaleza del sistema que necesita crecer y siempre cambiar, los problemas con los que tiene que lidiar el sistema cerrado simplemente se vuelven más intensos. El proceso natural de buscar un estado de equilibrio dentro del sistema;

entre las diferentes partes del sistema; realizando 1 o más funciones vitales juntas. Cuando cualquier parte de este sistema es negada, rechazada o reprimida dentro del sistema, la parte se vuelve cada vez más evidente en el sistema para lograr que el sistema cambie. Esto continuará hasta que el sistema estalle completamente de adentro hacia afuera. ¿Ves ya el patrón del niño adicto, alcohólico, fuera de control? El problema no se solucionará solo, el sistema no lo solucionará, la sociedad no lo solucionará y nuestra cultura no lo solucionará. Hay que dejar de negar que son adictos o que tienen un problema, y tenemos que admitir que tienen un problema. Debemos dejar de negarnos a ser conscientes de sus necesidades y comportamientos, debemos aceptar que sí tienen necesidades y que sus comportamientos buscan satisfacer sus necesidades. Debemos dejar de reprimir sus necesidades y comportamientos; debemos encontrar formas de expresarles otras formas de satisfacer sus necesidades.

Hay diferentes metaprogramas principales que deben ser sistemas cerrados para mantener el estado adictivo. Estos principales metaprogramas consisten en memoria, tiempo, identidad, comunicación, sabiduría, familia y pecado, solo por nombrar algunos. Voy a entrar en estos con mayor detalle más adelante en este.

Se necesitamucho esfuerzo para mantener el sistema como un Sistema Cerrado. La mayoría de los Datos y Comentarios del entorno (fuera del sistema) deben ser Denegados, Rechazados y Reprimidos para mantener el sistema cerrado. Durante un período de tiempo todos los esfuerzos involucrados para poder Negar,

Rechazar y Reprimir cualquier Dato o Retroalimentación consume y controla todos los pensamientos, sentimientos y comportamientos del Todo del Sistema hasta que parece que no queda ningún Todo (ningún Ser) dentro del sistema. El sistema se convierte literalmente en nada más que la personalidad, la identidad, las comunicaciones internas, las emociones, las creencias, los rasgos de carácter y las estrategias solo para respaldar la negación, el rechazo y la represión de los datos yRealimentación.

Cambie las cerraduras de las puertas con más frecuencia. Obtenga candados en las puertas de las habitaciones dentro de la casa, compre cajas fuertes para guardar sus armas y joyas. ¿Está comenzando a ver como familia o ser querido a un adicto que se consume con todas las formas ridículas para tratar de evitar permitiendo que los comportamientos de los adictos tengan algún efecto sobre usted? No importa cuánto haga, no importa la frecuencia con la que llore hasta quedarse dormido, no importa a cuántos grupos de apoyo asista, el problema sigue siendo el mismo.

El adicto es un sistema cerrado, el adicto/alcohólico, cualquiera que sea la adicción también, el adicto es excelente para negar, rechazar y reprimir cualquier cosa que usted o cualquier otra persona intente decirles. La negación del adicto puede ser tan simple como "no, no estoy usando", "usé una vez, eso es todo". La negativa se vuelve enojada cuando se ofenden porque crees que la usarían. Heriste sus sentimientos por acusarlos. Es tu culpa que alguna vez lo hayan usado. La etapa de represión del adicto es en la que simplemente ya no se comunica con usted o ya no sale de su habitación y otros comportamientos de evitación son solo comportamientos para que parezca invisible.

Las mentiras, la ira, las excusas, otras respuestas emocionales negativas y las justificaciones a la retroalimentación comienzan a parecer del individuo cuando afirma que el problema no es suyo y culpar a otros por sus problemas son síntomas de un Sistema Adictivo Cerrado. . Cuanto más cerrada se vuelve la persona, más tiene que mentir, emocionarse y poner excusas por sus acciones. Toda su identidad, personalidad, emociones y pensamientos, sus creencias y comportamientos asumen el papel de todas las negaciones, rechazos y represiones. El individuo como realmente es parece haber desaparecido, como si ya no estuviera allí, aunque lo está. Se necesita un sistema cerrado para crear sistemas cerrados; no puedes estar abierto a otras creencias, valores

e ideas y siguen siendo un sistema cerrado. Cuando otros tienen creencias, valores e ideas diferentes a las tuyas y te ofenden o de alguna manera te parecen mal, eres un sistema cerrado. Un sistema cerrado cerrará otros sistemas a su alrededor y toda la familia o cualquier otra cosa que el sistema pueda ser implosionará.

"Los niños reflejan necesidades negadas y deseos reprimidos de padres y hermanos". Entonces, la adicción no solo proviene de una botella o una pipa, Internet o una aguja. La adicción comienza con necesidades y deseos. A veces, estas necesidades y deseos ni siquiera son los adictos. Esto hace que sea difícil para ellos comprender, y mucho menos superar. Cuanto más cerrado es el sistema, mayor se vuelve la adicción. Un ejemplo de que la adicción es una respuesta a las necesidades negadas de un padre u otra persona en el sistema es cuando un niño tiene una enfermedad grave y el padre puede negar la gravedad de la misma. El niño puede decir que está bien y negar sus síntomas o amplificar sus síntomas y nada parece deshacerse de ellos. He escuchado muchas historias de personas en recuperación que tuvieron problemas médicos en su infancia y se convirtieron en el consuelo y el apoyo para ayudar a los padres. Todos podemos entender este tipo de experiencias, la vida puede ser difícil y muchas veces ponemos una sonrisa o nos aislamos, cualquiera de las dos respuestas es una respuesta de sistema cerrado. Negando nuestras propias necesidades, reprimiendo y negándonos a obtener ayuda para uno mismo. El niño u otro individuo asumen estos deseos y necesidades negados pero no los entienden y simplemente responden de manera cerrada. En otras palabras, hacen cosas para negar, rechazar y reprimir todo lo que sienten de las necesidades y deseos de los padres o del sistema. He oído decir que la luz siempre vence a la oscuridad. Un Sistema Cerrado vive en la oscuridad y negará la luz, se negará a aceptar la luz cuando se le ofrezca y reprimirá la luz si entra.

La adicción es difícil de superar, pero no es imposible. Una vez más, una persona no hace un alcohólico adicto. Se necesitó un equipo para traerlos aquí y se necesita un equipo para sacarlos y una comunidad para ayudar a mantenerlos fuera.

Nosotrosvive en una sociedad cerrada y creció con familias cerradas en ambientes cerrados. Cuando somos jóvenes e inocentes, podemos imaginar y creer como lo hacemos, aunque ha sido la excepción durante décadas que a los niños creativos se les permitió continuar su viaje. Estos niños creativos, cuando se les dan los límites para imaginar, soñar y desear, se convierten en los talentos y líderes de hoy. Los límites son importantes, pero no hasta el punto de cerrar las creencias de los demás. Sólo un sistema cerrado teme las creencias de los demás, sus sueños y deseos. Todos crecemos, pero en lo que nos convertimos cuando crecemos se ve muy afectado por si los que nos rodean son sistemas abiertos o cerrados.

Un Sistema Cerrado es muy predecible. Un Sistema Cerrado no va a cambiar por sí solo, puede cambiar con las fuerzas naturales de la vida, pero un Sistema Cerrado no elige cambiar. Los sistemas cerrados también negarán a menudo que están cerrados. Cuanto más se cierra el sistema, mayores son las fuerzas que intentan abrir el sistema. Estas fuerzas mayores para intentar abrir el sistema son retroalimentación al sistema cerrado que intenta forzarlo a dejar de negar. Cuando ya sabes la forma en que una persona u otro sistema te va a responder, ese sistema es predecible, por lo tanto, el sistema está cerrado.

Ser un Sistema Cerrado es un estado natural para los seres humanos, ser cerrado tiene que ver con nuestros límites, que también percibimos erróneamente como nuestros valores y creencias. Ser un Sistema Cerrado no tiene nada que ver con nuestros valores y nuestras creencias. Muy por el contrario, los límites de un Sistema Cerrado niegan por completo nuestros verdaderos valores y creencias. Nuestros límites son solo con respecto al conocimiento de lo que realmente está sucediendo en nuestro entorno. Los límites mantienen la retroalimentación fuera o permiten que la retroalimentación entre. Los límites están a nuestro alrededor, no dentro de nuestro ser. El hecho de que no estemos de acuerdo o lo desaprobemos no debería determinar si somos conscientes o no de lo que está sucediendo. Cuando incluso negamos que está sucediendo, no podemos evaluar, juzgar o decidir al respecto. Vinimos aquí para experimentar esta vida y para crecer y aprender a vivir el Evangelio aquí. ¿Cómo aprendemos? y mucho menos crecer cuando negamos que las cosas estén sucediendo? Cuando juzgamos lo que está sucediendo como reconocemos que es.

Todo el propósito del Sistema Cerrado es evitar que el sistema tenga que reconocer sus verdaderas creencias y valores. Los Sistemas Cerrados se han vuelto muy aceptables en la sociedad actual, hasta el punto de que un Sistema Abierto parece no tener fronteras ni conocimiento. Cuando el hecho es un Sistema Abierto

tiene límites y está muy bien informado. Los sistemas cerrados siguen haciendo lo mismo una y otra vez pensando que avanzan.

El Sistema Cerrado se conoce como un Sistema Adictivo basado en su incapacidad para admitir sus datos ambientales y retroalimentación debido a sus límites. Casi puede tomar un desastre para un Sistema Cerrado, para dejar caer sus límites y reconocer lo que realmente está sucediendo a su alrededor. El entorno y todo lo que percibimos conscientemente de él sirve al propósito de abrir nuestro yo interior. Las cosas que vemos y oímos; todo lo que somos conscientes de lo que sucede a nuestro alrededor tiene el propósito de hacer que nuestro yo interior crezca y cambie.

En un Sistema Cerrado y Adictivo, el yo interior se niega a cambiar, hará todo lo posible para asegurarse de que la retroalimentación ambiental (percepción) no se trate del yo interior hasta el punto de mostrar más y más patrones disfuncionales contraproducentes. para tratar de hacer que la retroalimentación desaparezca y dejar en paz al yo interior. La retroalimentación no desaparecerá, cuanto más los sistemas cerrados adictos intenten negar, rechazar y reprimir la retroalimentación, más aumentará la retroalimentación en ocurrencia e intensidad. Cuanto más frecuente e intensa se vuelve la retroalimentación del entorno, más disfuncionales se vuelven los pensamientos, las emociones y los patrones de comportamiento del "yo interior". Todo esto solo sirve para seguir empeorando el problema, aparentemente sin fin, hasta el punto de perder toda esperanza. Esto es a menudo cuando el sistema adictivo pierde familia,

La vida parece desesperada en este punto para todas las partes que se ocupan del sistema cerrado de adicción. Ser un Sistema Cerrado puede sentirse seguro y cómodo al principio, pero como individuos, continuar en este camino cerrado puede conducir incluso a la pérdida de la vida.

Un Sistema Cerrado se vuelve adicto a cualquier pensamiento, emoción, comportamiento y sustancia que necesite para mantener la retroalimentación de su entorno fuera de sus límites. La adicción se convierte en el resultado de intentar proteger el yo interior, no el medio ambiente o cómo interactuamos con él, sino nuestras opiniones, creencias y percepciones de nosotros mismos. Esta es una de las razones

el adicto se vuelve egoísta y parece no importarle las personas, los lugares y las cosas que lo rodean. La adicción se define como una necesidad compulsiva habitual de sustancias que forman hábito. La adicción se caracteriza por la tolerancia y por síntomas psicológicos bien definidos tras la abstinencia. Ser adicto a cualquier cosa es la progresión natural de ser un sistema cerrado. La forma en que el adicto se ve a sí mismo, debe ser negada, rechazada y reprimida por sus fronteras y limitaciones. Las creencias verdaderas del adicto y las percepciones verdaderas de sí mismo tienen que ser negadas para que todos los comportamientos del adicto continúen, y los comportamientos del adicto continúan con este propósito. Aparentemente, harán todo lo posible para evitar tener que admitir, aceptar y expresar todo lo que realmente son o se ven a sí mismos. El adicto no está contento con sus comportamientos de adicto, estos comportamientos son un escudo,

Capítulo 2

LOS LÍMITES DEL SISTEMA CERRADO NO SON FLEXIBLES/PERMEABLES

UnEl sistema abierto admite, acepta y expresa todos los datos y comentarios de su entorno. Sí, incluso datos y retroalimentación de un sistema cerrado. Sé que esto no es una tarea fácil. Al mismo tiempo, sé que funciona.

Superar la adicción requiere fuerza, conocimiento y sabiduría de otras personas involucradas con el adicto. Tanto el adicto como otros que trabajan para ayudar al adicto deben trabajar para mantener o convertirse en un Sistema Abierto. Ya sea que el sistema sea la familia, la comunidad, una iglesia o un centro de tratamiento, deben estar abiertos a admitir, aceptar y expresar para ayudar al adicto. Luchar contra un Sistema Cerrado en sus propios términos solo sirve para fortalecer los límites y las limitaciones que sustentan el Sistema Cerrado. Combatir un Sistema Cerrado también puede tentar a un Sistema Abierto a cerrarse, de ahí el dicho "Lo que resistimos, persiste". Cuando algo está constantemente en nuestra vida y pensamos que luchar contra eso hará que desaparezca, simplemente nos cerramos más a las opciones y habilidades dentro de nosotros mismos para superar el obstáculo. La vida tiene altibajos. La vida tiene obstáculos independientemente de nuestros propios esfuerzos, conocimiento y elección. Cualquiera que sea su experiencia de vida, la retroalimentación en su entorno significa algo importante para usted y la retroalimentación es significativa. Cada sistema ha incorporado insuficiencias, problemas y potencial; los sistemas por naturaleza crecen y cambian con la experiencia. El hombre solía vivir en cuevas e ir a cazar y recoger cada comida, el sistema cambió a la forma en que es hoy. El sistema actual debe continuar cambiando en función de la retroalimentación dentro del propio sistema. El hombre solía vivir en cuevas e ir a cazar y recoger cada comida, el sistema cambió a la forma en que es hoy. El sistema actual debe continuar cambiando en función de la retroalimentación dentro del propio sistema. El hombre solía vivir en cuevas e ir a cazar y recoger cada comida, el sistema cambió a la forma en que es hoy. El sistema actual debe continuar cambiando en función de la retroalimentación dentro del propio sistema.

Los problemas, los obstáculos, los desafíos son indicadores de un mayor potencial dentro de un sistema dado cuando tratamos de resistir el desafío, el desafío se vuelve más intenso.

Ser y permanecer en un Sistema Abierto significa que todo lo que el adicto dice, siente y hace, es admitido, aceptado y expresado en un Sistema Abierto. Admitido simplemente significa aquí el reconocimiento, la percepción, realmente ver y escuchar lo que dice el adicto, cómo se siente el adicto y qué hace el adicto. Lo contrario de admitir es negar y negar sería decir "no, no dijeron ni hicieron eso, nunca vi ni escuché eso, no sé qué podemos hacer para ayudar". Esta es una respuesta común en las familias; el adicto finalmente es arrestado o tiene algún tipo de problema debido a la adicción, y la familia se pregunta por qué no lo vieron venir. La familia, el sistema, cualquiera que sea el sistema, también está trabajando para proteger su visión interna de sí mismo. Ningún individuo es perfecto todavía, y ningún sistema es un sistema perfecto. Aun así, todos podríamos aprender y crecer. Todos podemos mirar hacia atrás y reconocer los signos y síntomas, fueron obvios todo el tiempo. La retrospectiva refleja un sistema cerrado. Un sistema abierto observará los signos y síntomas a medida que aparecen, comenzarán a dialogar sobre lo que han observado. Un sistema abierto teorizará a partir de sus observaciones y diálogos e implementará sus teorías y continuará observando y dialogando a lo largo del curso. En términos muy simples, este es un primer paso para admitir versos que niegan. Este es simplemente un proceso de observación de la retroalimentación, el comportamiento del adicto, los obstáculos aparentes del sistema y dentro del mismo. Sólo observa ante todo. comenzarán a dialogar sobre lo que han observado. Un sistema abierto teorizará a partir de sus observaciones y diálogos e implementará sus teorías y continuará observando y dialogando a lo largo del curso. En términos muy simples, este es un primer paso para admitir versos que niegan. Este es simplemente un proceso de observación de la retroalimentación, el comportamiento del adicto, los obstáculos aparentes del sistema y dentro del mismo. Sólo observa ante todo. comenzarán a dialogar sobre lo que han observado. Un sistema abierto teorizará a partir de sus observaciones y diálogos e implementará sus teorías y continuará observando y dialogando a lo largo del curso. En términos muy simples, este es un primer paso para admitir versos que niegan. Este es simplemente un proceso de observación de la retroalimentación, el comportamiento del adicto, los obstáculos aparentes del sistema y dentro del mismo. Sólo observa ante todo.

Aceptar simplemente significa que el reconocimiento de ello se dialoga internamente dentro de un Sistema Abierto mismo (usted) y Nuevas Teorías de lo que podría significar y cuál podría ser el mejor enfoque para tratarlo seguido de una discusión de esto con el Sistema Cerrado; el adicto o el obstáculo. El aspecto de aceptación del sistema abierto es el proceso de descubrimiento del potencial dentro del sistema que el sistema ha tratado previamente de ignorar, complacer o justificar. Descubrir el significado de la retroalimentación ambiental para el propio sistema. ¿Qué indica la retroalimentación sobre el sistema? ¿Cómo se relaciona la retroalimentación con la forma en que el sistema es hoy y ha tenido el sistema alguna intuición con respecto a esta retroalimentación cuando surja? Qué acción dentro del sistema ¿podría la retroalimentación indicar que el sistema busca cualquier debilidad del sistema y potencial para un mayor crecimiento dentro y para el sistema? Error sistémico: No se produce sólo en el entorno, es inherente al propio sistema, y es observable y medible. Todo sistema tiene buenos y malos, correctos e incorrectos, fortalezas y debilidades. Ningún sistema es perfecto. Cualquier comportamiento de adicción es el resultado de errores sistémicos negados, rechazados y reprimidos por el mismo sistema del que forman parte. El sistema abierto lo sabe y se mira a sí mismo para teorizar lo que podría estar tratando de evitar sobre su verdadero ser. Solo dialoga sobre la retroalimentación del entorno, crea oraciones que no juzguen y sean observables; descripciones medibles de la retroalimentación y del sistema. Luego teorice qué fortalezas puede tener el sistema y qué debilidades puede tener como resultado de esta retroalimentación de adictos, y qué podría hacer el sistema para abordar el problema real de sí mismo. La visión real de sí mismo, toda la familia, la escuela, la comunidad, tratando de evitar su propio ineludible, y su verdadera identidad. La verdadera visión del sistema de sí mismo, las creencias verdaderas del sistema y el verdadero propósito del sistema en primer lugar. El verdadero potencial ya en el sistema que quizás el sistema aún no había identificado. y el verdadero propósito del sistema en primer lugar. El verdadero potencial ya en el sistema que quizás el sistema aún no había identificado. y el verdadero propósito del sistema en primer lugar. El verdadero potencial ya en el sistema que quizás el sistema aún no había identificado.

Lo que se expresa es simplemente el hacer consistente y repetido del enfoque de "lo que podría ser mejor" para tratar con lo que se reconoció, percibió, dialogó. y teorizado. Implementando las nuevas teorías de los sistemas verdaderos puntos de vista, creencias, propósito y observando la retroalimentación ambiental. Este proceso continúa en un sistema abierto, observando, dialogando, teorizando e implementando. Observa la retroalimentación de este proceso, dialoga y teoriza, implementa y comienza de nuevo observando la retroalimentación. Es un proceso continuo de pasar por ciclos si se trata de un sistema cerrado. Sin embargo, un sistema cerrado es un proceso de negación, ni siquiera sabía, rechazo, simplemente respondiendo al no aceptar el hecho de que se trata del sistema y luego reprimirlo, simplemente eliminarlo de alguna manera. Repetir, repetir, repetir. A medida que este proceso continúa, el Sistema Abierto sigue estando Abierto a más Datos y Retroalimentación del Sistema Cerrado (el adicto) repitiendo este mismo proceso una y otra vez. Reconocer, percibir, ver, escuchar, dialogar internamente con uno mismo, contemplar más Nuevas Teorías y Expresar el conocimiento adquirido al tratar con el Sistema Cerrado.

Que la familia, la comunidad, quienquiera que esté involucrada con el adicto sea parte de este proceso, es vital para el éxito de la superación del Sistema Cerrado. Cuando otros involucrados con el adicto están en desacuerdo entre sí, el sistema cerrado ganará.

Este es un proceso y requiere el esfuerzo de todos y es posible lograrlo. Todos deben estar involucrados y, como dice el refrán, "en la misma página".

Desdesu diálogo de más y mejores enfoques para tratar y compartir esto con el adicto, luego repita estos posibles enfoques mientras continúa tomando Datos y Comentarios y repitiendo el proceso de Sistema Abierto. Esta es una descripción simple de un Sistema Abierto. Ser abierto no es un proceso fácil, especialmente viniendo de un mundo donde los límites y las barreras son solo una parte esperada de nuestras vidas.

Esto no significa que no tenga límites al tratar con el sistema cerrado; simplemente significa que los límites de su sistema abierto son permeables y flexibles. En otras palabras, escuchas lo que dicen y ves lo que hacen, así como los demás datos que provienen de ellos. Habiendo sido consciente de lo que están compartiendo, simplemente procesa estos datos tú mismo. Le invitamos a discutir los datos con otra persona, aunque hágalo con alguien que sea un sistema abierto. Discutir o dialogar internamente o escribir en un diario su información y nuevas teorías de formas de hacer las cosas con el sistema cerrado puede ser vital para su progreso, así como el progreso del sistema cerrado.

La expresión es simplemente los planes y estrategias implementados de sus nuevas teorías para responder en base a su propia percepción, evaluación, juicio y decisión. ¿Drenaje de sonido? Realmente es bastante fácil de hacer y muy eficiente cuando se repite durante un período de tiempo. La luz vencerá a la oscuridad, aunque la luz no puede oscurecerse a causa de la oscuridad. La luz no se puede negar, incluso en la oscuridad. Cuántos de nosotros nos hemos vuelto menos ligeros debido a nuestra propia negación, rechazo y represión de las respuestas de otro Sistema Cerrado. La adicción no se puede negar, rechazar o reprimir. A

El sistema cerrado es un sistema adictivo y solo puede duplicarse a sí mismo, creando más sistemas cerrados.

La buena noticia es que cuanto mayores (o peores) sean los datos y la retroalimentación que intentan ingresar al sistema cerrado que los sistemas cerrados niegan, rechazan y reprimen, mayor (o mejor) es el potencial dentro del sistema cerrado que está tratando de evitar. En otras palabras, Mayor el Auto-potencial. Cuanto más esté dispuesto a decir, mostrar y hacer en el Sistema Cerrado, mayor será el potencial dentro de ese potencial del sistema que el Sistema Cerrado ha estado tratando de evitar. Te has sentido maltratado antes, el entorno aparentemente te atormentaba, y en algún momento te diste cuenta de que algo dentro de ti necesitaba lo que era el maltrato.

Recordar, el Sistema Abierto Admite los Datos y la Retroalimentación, sí, incluso del Sistema Cerrado. Lo admite, lo acepta y lo expresa de nuevo al Sistema cerrado. ¿Suena más simple todavía?

Tengo la sensación de que ya lo sabías. No es necesariamente solo la sabiduría del hombre, las escrituras hacen referencia a que Dios no nos dará nada que no podamos vencer, y Él dice: "Venid a mí y os mostraré vuestras debilidades". Él convertirá nuestras debilidades en fortalezas.

Paraeducar significa "sacar". Esto es lo que realmente sucede cuando el adicto realmente sana sus programas disfuncionales y se convierte en un Sistema Abierto. Lo que ha estado dentro de ellos, todo el tiempo finalmente comienza a crecer y brillar desde ellos. Esto también es todo lo que muchas familias y seres queridos buscan de la experiencia, solo para recuperar a su ser querido. Cuando el sistema se abre a la disfunción de su entorno y la aborda convirtiendo cualquier debilidad potencial en fortaleza potencial, todo el sistema vuelve a abrirse. Todo el sistema continúa siendo educado, para tener el verdadero potencial no solo de la vista, sino también de las verdaderas creencias y fortalezas. No hay nada a lo que cerrarse, el sistema entiende que tiene un potencial continuo incorporado para crecer.

La educación es continua y progresiva. Todos estamos aquí para obtener educación, estamos aquí para "sacar" todo nuestro potencial y convertirnos en él. DyC 130 18-19; "Cualquier principio de inteligencia que alcancemos en esta vida, será

resucita con nosotros en la resurrección. Y si una persona gana más conocimiento e inteligencia en esta vida a través de su diligencia y obediencia que otra, tendrá tanta ventaja en el mundo venidero". Proverbios 24, 5 "El sabio es fuerte; sí, un hombre de conocimiento aumenta la fuerza."

¿CUÁL ES LA CURA PARA LA ADICCIÓN?

¿Cuál es la cura para la adicción?
La abstinencia.
¿Cómo se abstiene uno?
Dejando de hacerlo.
¿Qué causa las adicciones?
Los intentos de evitar lo inevitable.
¿Qué es lo inevitable en la vida?
Uno mismo.
¿Por qué uno intenta evitarse a sí mismo?
Por vergüenza, culpa o miedo.
¿Qué causa la vergüenza, la culpa y el miedo?
No ser todo lo que somos capaces de ser.
¿Por qué no somos todo lo que somos capaces de ser? Porque negamos, rechazamos y reprimimos que podemos.
¿Cuál es la cura para nuestra negación y eso?
Creer.

Janey Marvin

EVALUACION DEL SISTEMA ABIERTO FRENTE AL CERRADO

Haz el siguiente test y puntúa tus respuestas para determinar las áreas en las que puedes estar Cerrado o Abierto. Este es el comienzo para encontrar la manera de salir de tus patrones adictivos.

ESCALA PARA CALIBRAR SU SISTEMA

1) ¿Cuánto tiempo dedica a la semana a organizarse para o por los demás? (no cuente el tiempo de trabajo).

   un. 10 minutos._____, B. ½ h._____, C. 1 hora_____. D. 2 horas_____mi. más_____

2) Valórese en el papel de la organización familiar.

   1._____, 2._____, 3._____, 4._____

3) Valórese en la estabilidad de su familia.

   1._____, 2._____, 3._____, 4._____

4) Califique las habilidades de su familia para autoorganizarse.

   1._____, 2._____, 3._____, 4._____

5) La mayor parte de su tiempo libre se dedica a:

   1. Haciendo lo mismo.
   2. Haciendo 3 cosas diferentes
   3. Haciendo 7 cosas diferentes
   4. Haciendo una multitud de cosas diferentes

6) Cuando algo le molesta, usted...

   1. Llevaracción entonces
   2. Deja que otros tomen medidas
   3. Recopilar información y opiniones de otros.
   4. Sin acción

7) La estabilidad general es algo bueno en una familia.

   1. sí

2. No
3. A veces

8) Valora tu forma de afrontar el caos. Del 1 al 4, siendo el 4 el más alto.

   1._____, 2._____, 3._____, 4._____

9) ¿Qué parte del avión es la que lo hace volar?

   A. Motor
   B. Alas
   C. Cuerpo
   D. Todosde los anteriores

10) ¿cuantas necesidades y deseos negados crees que tienes?

   1. Ninguna
   2. 1 a 3
   3. 4-7
   4. más

11) ¿Pasa la mayor parte de su tiempo centrado en el...?:

   A. Pasado
   B. Regalo
   C. Futuro
   D. Ningunade los anteriores

Puntúe sus respuestas: Sume los "1" por separado. Sume todos los demás números para obtener una puntuación completa.

   1. (1-2-3-4-5)
   2. (1-2-4-5)
   3. (1-3-4-5)
   4. (5-3-2-1)
   5. (5-4-2-1)
   6. (2-3-1-5)

7. (5-1-3)
8. (5-3-2-1)
9. (3-4-2-1)
10. (5-3-4-1)
11. (5-3-4-1)

Puntuación de su sistema abierto vs. cerrado Si su puntuación fue:

1-11= Excelente: Eres un ser humano muy raro; eres un Sistema Abierto. Tienes un gran conocimiento y sabiduría. Puedes discernir muchas cosas sobre ti mismo y sobre los demás. Tienes acceso a tu propio conocimiento, lo que a veces puede sorprenderte incluso con la facilidad con la que te viene a la mente. Cada experiencia que tienes es una experiencia de aprendizaje para ti y has descubierto que cuanto más aprendes, más hay que aprender. Tienes una multitud de opciones para lidiar con los problemas de la vida y, a menudo, descubres que ya estás preparado para ellos incluso antes de que lleguen. El desorden en tu vida es discontinuo porque tu sabiduría y conocimiento personal crecen automáticamente.

12-27= Bueno: Estás Cerrado en áreas primarias de tu vida; esto se debe a cosas de tu pasado sobre las que todavía no confías en tu propio juicio. Todavía tienes heridas de otros por las que te culpas. Tienes las fortalezas internas para crecer a partir de estas heridas hasta el punto de ser un ejemplo de fortaleza para los demás. Trabajas para tener tus sueños y cuidar de tus propias necesidades y te desanimas, sintiéndote agotado al hacerlo. Manejas bien el caos y el desorden, aunque no harás nada para nutrirte después. Tienes dificultades en general para nutrirte a ti mismo. Te conoces a ti mismo y eres capaz de discernir cosas en los demás; simplemente tienes dificultades para expresar esto en tus acciones.

28-42= Justo: Está funcionando a la mitad de su capacidad. A punto de rendirte y luchar con eso porque realmente quieres seguir adelante. A veces, parece que ya no sabes quién eres, pero sigues esperando. Lo que escuchas y percibes es aproximadamente la mitad de lo que está disponible como lo son tus expresiones a cambio. Experimenta sentirse incomprendido y no lo suficientemente importante a veces. Tienes síntomas físicos de estas experiencias, aunque leves, rara vez los expresas. Tienes recuerdos de heridas de tu pasado y temes que se repitan en tu futuro. Usted culpa a "O" a usted o a los demás por sus luchas, solo encuentra respuestas aproximadamente la mitad del tiempo. Tu mayor reto es creer en ti mismo y encuentra a otros que crean en ti. Estás usando sólo .50 de lo que hay dentro de ti, en tu máximo potencial puedes ser el doble de todo lo que eres hoy.

43-55= Pobre: Eres un Sistema Cerrado y no ves que lo eres. Culpa a otros por la mayoría de sus problemas. Eres un adicto. Ya sea que su adicción sea a una sustancia, patrones de vida o bases no tangibles, usted es adicto. Tus pensamientos, sentimientos y comportamientos son predecibles porque son habituales, porque no cambias. Ya ni siquiera eres tú. Te has convertido en la Identidad, la Personalidad, los pensamientos, las emociones y los comportamientos que no hacen nada por ti excepto mantenerte adicto. (Cerrado). Si vas a empezar a sanar tendrás que reconocer lo que está pasando dentro de ti. Reconoce lo que estás haciendo y deja de permitirte seguir culpando a los demás. Tendrás que encontrar sistemas abiertos para estar cerca, ya que es muy difícil volverse abierto cuando estás rodeado de sistemas cerrados. Su sistema entró en declive hace muchos años y usted ni nadie más hizo nada para detenerlo. Puedes detenerlo. No será fácil. Pasarás por momentos de caos y desorden.

Capítulo 3

DESEOS, SUEÑOS Y METAS PERDIDAS

Los límites de un sistema cerrado no son flexibles ni permeables

Los sistemas cerrados no son negociables, las líneas están trazadas y es simple simplemente no cruzar la línea o las consecuencias deben ignorarse, tomar represalias o simplemente ignorarse o justificarse. Los sistemas cerrados responden negativamente a la retroalimentación de sus entornos.

Adicto significa dedicarse o entregarse a algo de manera habitual u obsesiva. En otras palabras, ser adicto significa cometer por un acto solemne, muchas veces por motivos apremiantes y apego a un objetivo. El hábito es la disposición predominante o el carácter de los pensamientos, sentimientos y comportamientos de una persona. Nuestros pensamientos, sentimientos y conductas se comprometen por acto solemne y motivos apremiantes y apego al objeto al que somos adictos. Podemos ser adictos a cualquier cosa, desde sustancias hasta pensamientos, sentimientos y comportamientos. La adicción puede ser a cualquier cosa. La razón detrás de la adicción es evitar lo inevitable, el verdadero yo. Nada más importa realmente. No otros, no uno mismo. La adicción es como el cáncer, y como el cáncer, el cáncer puede matar al adicto.

¿Cuáles son los motivos apremiantes y el objetivo de la adicción? El adicto no se despertó un día y se convirtió en adicto. El motivo apremiante es evitar lo inevitable, el verdadero yo. La fuente de la adicción ha ganado la confianza del resto del sistema, convenciéndolo de que puede eliminar los dolores y sufrimientos. No importa si la adicción es a una sustancia o simplemente a patrones de pensamiento; estas fuentes de la adicción aún ha convencido al sistema de que puede solucionar los problemas del sistema. El verdadero yo no necesita ser reconocido en absoluto, siempre y cuando se use la adicción para evitarlo.

Nosotrosson mucho más de lo que generalmente reconocemos que son. Cada uno de nosotros tiene un sentido interno del bien y del mal. Vinimos a esta vida con un gran conocimiento de la vida de la que venimos aquí. Este conocimiento es una parte real de nuestro ser y todos hemos tenido un sentido o una idea de estos saberes. Todo nuestro conocimiento previo sumado a todo nuestro conocimiento y potencial en esta vida nos da toda la capacidad de ser genios, seres potenciales ilimitados. Como sistema cerrado, nunca alcanzaremos nuestro verdadero potencial.

La adicción es una necesidad compulsiva y el uso de un comportamiento o una sustancia que crea hábito, caracterizada por la tolerancia y por síntomas fisiológicos bien definidos al momento de la abstinencia. Los síntomas fisiológicos no solo se experimentan por la abstinencia de una sustancia, sino que también se experimentan cuando se abandonan los comportamientos o las respuestas emocionales y los patrones de pensamiento.

¿Cuál es la definición de tolerancia? La tolerancia es la capacidad de soportar el dolor o las dificultades, por lo que estas cosas no disminuyen los comportamientos adictivos. El amor duro no impulsará al adicto a abandonar los comportamientos adictivos. La verdad es que el amor duro es un comportamiento adictivo de un sistema cerrado. A medida que los seres queridos imponen su concepto o el concepto del hombre del amor duro, necesitan más y más amor duro para soportar el dolor y las dificultades de las consecuencias de su propio enfoque de amor duro. Las consecuencias, ya sean naturales o impuestas al adicto, crean una necesidad apremiante de más sustancias y comportamientos adictivos. Este proceso de tolerancia sirve para aumentar la negación, el rechazo y la represión del adicto y de los otros sistemas cerrados que "trabajan" con el adicto. Enfrentando con ira, castigando, viviendo en las calles, cualquier cosa que se le haga al adicto que le cause dolor o le cree dificultades solo sirve para aumentar su capacidad de soportar el dolor y la dificultad, dejándolo más confiado en la adicción.

La tolerancia crea simpatías e indulgencia por las creencias o prácticas que difieren o están en conflicto con el yo verdadero, el yo inevitable. Este aumento de la tolerancia crea y aumenta su capacidad de simpatizar y complacer las creencias y prácticas en los comportamientos adictivos que tienen. Este mismo proceso está ocurriendo con el Este aumento de la tolerancia crea y aumenta su capacidad de simpatizar y complacer las creencias y prácticas en los comportamientos adictivos que tienen. Este mismo proceso está ocurriendo con el Este aumento de la tolerancia crea y aumenta su capacidad de simpatizar y complacer las creencias y prácticas en los comportamientos adictivos que tienen. Este mismo proceso está ocurriendo con el sistemas cerrados que imponen consecuencias al adicto. Entonces, se vuelven más confiados en sus duros enfoques de amor. Sus creencias y comportamientos que son contrarios a su verdadero yo. Cuanto mayor es el dolor y las dificultades, más necesitan los comportamientos adictivos. Evitar, Evitar, Evitar, se convierte en la respuesta tolerada y confiable; creyendo en todas las cosas que tienen que hacer para no tener que enfrentarse a su verdadero yo interior. La parte de sí mismos que se preocupa por la familia, la parte que sabe todo lo malo que han hecho y por lo que se odian a sí mismos. Esto es a lo que se enfrenta el adicto, sea cual sea el adicto, cuando deja de consumir las sustancias o deja de realizar las conductas de adicción. Esto se aplica a cualquier sistema cerrado; el sistema cerrado familiar o comunitario comenzará a pasar por la tolerancia. La tolerancia es la capacidad de soportar el dolor y el sufrimiento y volverse menos receptivo a los comportamientos o sustancias disfuncionales a través del uso y la exposición repetidos. La tolerancia es el comienzo de un sistema cerrado; la tolerancia es el comienzo de cualquier adicción y cualquier sistema adepto a la tolerancia creará otros sistemas adeptos a la tolerancia. Soportar el dolor y el sufrimiento hasta el punto de ni siquiera responder a él. Una vez más, ¿realmente pensó que consumían porque tenían libre elección para hacerlo? ¿Pensaste que les trajo alegría? ¿Pensaste que era una venganza? Cuanto más dolor y sufrimiento les imponen, más confían en lo que sea la adicción porque les ayuda a soportar el dolor y el sufrimiento. No puedes humillarlos para que cambien. La tolerancia es el comienzo de un sistema cerrado; la tolerancia es el comienzo de cualquier adicción y cualquier sistema adepto a la tolerancia creará otros sistemas adeptos a la tolerancia. Soportar el dolor y el sufrimiento hasta el punto de ni siquiera responder a él. Una vez más, ¿realmente pensó que consumían porque tenían libre elección para hacerlo? ¿Pensaste que les trajo alegría? ¿Pensaste que era una venganza? Cuanto más dolor y sufrimiento les imponen, más confían en lo que sea la adicción porque les ayuda a soportar el dolor y el sufrimiento. No puedes humillarlos para que cambien. La tolerancia es el comienzo de un sistema cerrado; la tolerancia es el comienzo de cualquier adicción y cualquier sistema adepto a la tolerancia creará otros sistemas adeptos a la tolerancia. Soportar el dolor y el sufrimiento hasta el punto de ni siquiera responder a él. Una vez más, ¿realmente pensó que consumían porque tenían libre elección para hacerlo? ¿Pensaste que les trajo alegría? ¿Pensaste que era una venganza? Cuanto más dolor y sufrimiento les imponen, más confían en lo que sea la adicción porque les ayuda a soportar el dolor y el sufrimiento. No puedes humillarlos para que cambien. ¿De verdad pensaste que usaban porque tenían libre elección para hacerlo? ¿Pensaste que les trajo alegría? ¿Pensaste que era una venganza? Cuanto más dolor y sufrimiento les imponen, más confían en lo que sea la adicción porque les ayuda a soportar el dolor y el sufrimiento. No puedes humillarlos para que cambien. ¿De verdad pensaste que usaban porque tenían libre elección para hacerlo? ¿Pensaste que les trajo alegría? ¿Pensaste que era una venganza? Cuanto más dolor y sufrimiento les imponen, más confían en lo que sea la adicción porque les ayuda a soportar el dolor y el sufrimiento. No puedes humillarlos para que cambien.

Toleranciaindica una capacidad para "soportar" el dolor y el sufrimiento. Esta es una habilidad que tienen los adictos, una cualidad y competencia de diferir grandes sufrimientos. Es una aptitud natural o llega a ser adquirida por ellos por su naturaleza. Se vuelven maestros muy hábiles para lograr esto. Incluso cuando sufren una sobredosis o son encarcelados, a menudo enfrentan parte del dolor y el sufrimiento por los que pasaron y el dolor y el sufrimiento que impusieron a los demás. A menos que tomen las medidas adecuadas y reciban la ayuda adecuada de un sistema abierto, volverán a ser adictivos. Casi cualquier cosa que busque ayudarlos a enfrentar su verdadero ser interior, será algo por lo que lucharán hasta que se den cuenta de que solo están luchando contra ellos mismos.

El dolor o el sufrimiento pueden continuar y aumentar sin que el adicto se dé por vencido. Tolerancia significa que permanecerán firmes en su adicción bajo grandes condiciones.

sufrimiento o dolor intenso sin ceder a causa del dolor. La tolerancia crea una asociación o relación entre el dolor y el sufrimiento y cualquiera que sea la adicción. Hay una unidad o armonía en acción y efecto entre el dolor y la adicción. Los pensamientos y sentimientos del adicto funcionan de acuerdo con el dolor y el sufrimiento. Se vuelve una naturaleza indulgente, un estado o hábito de pensamientos y sentimientos, incluso confianza en los pensamientos y sentimientos que sustentan la adicción. Independientemente de cuán opuestos o antagónicos puedan ser estos a las creencias verdaderas de las personas, la indulgencia y las simpatías construidas sobre esta tolerancia son completamente incompatibles con su verdadero yo. El yo con el sentido interior del bien y el mal, el yo con el conocimiento de su existencia anterior y de todas sus experiencias en esta vida.

La paz mental es lo opuesto tanto al dolor como al sufrimiento.

Su verdadero yo sabe que es negado y se vuelve cada vez más disfuncional, ciclando continuamente a través de sus patrones disfuncionales causando más dolor y sufrimiento a sí mismo y a los demás. Esto es lo inevitable. No se puede negar, rechazar ni reprimir nuestro verdadero ser. No se puede correr, esconderse, evitar el verdadero yo. Dondequiera que vayamos, hagamos lo que hagamos, siempre seremos lo que realmente somos. Lo que verdaderamente somos se conoce a sí mismo, es todo lo que hemos sido y todo lo que podemos llegar a ser, y siempre eres tú. El proceso de sistema cerrado de evitar lo inevitable da la sensación de una mayor confianza en la fuente de la adicción. Da vueltas y vueltas y vueltas con otros sistemas cerrados que intentan detenerlo o simplemente desaparecer.

Cuando se avanza en la superación de la adicción, el verdadero yo comienza a despertar. El adicto ve los conflictos y contradicciones de sus pensamientos y sentimientos. El dolor y el sufrimiento de ellos mismos y de los demás desencadena automáticamente más dolor y sufrimiento, y la tolerancia adictiva busca arreglar esto nuevamente.

Lo que sucede con una adicción con respecto a la tolerancia es que se necesitan más y más comportamientos o sustancias debido a la "tolerancia", para obtener la misma respuesta para aliviar los motivos apremiantes con respecto a los dolores y sufrimientos de la adicción. El objetivo de la adicción no es la sustancia, es el sentimiento de respuesta de escapar del verdadero yo. El yo nunca desaparece en esta vida ni en la venidera, y la adicción no es la respuesta al odio y la humillación del yo.

La paz mental es lo opuesto tanto al dolor como al sufrimiento. ¿Realmente pensaste que hicieron esto porque lo disfrutaron?

Resistencia, fortaleza, aguante!!! La tolerancia consiste en simpatías o indulgencias por creencias o prácticas que difieren o están en conflicto con las propias creencias o prácticas. Todo lo que hace el adicto para mantener la adicción está en conflicto con las creencias y habilidades del adicto. Esta respuesta interna crea el efecto de tolerancia. ¿Qué? Pensé que el adicto tenía tolerancia y usaba más porque creía en eso y amaba la práctica de su adicción. Esto no es para eludir que la droga en sí se suma al sistema de tolerancia, aunque el individuo mismo es la mayor parte de este proceso. Se llega a un punto con cualquier adicción en el que el "alto" ya no ocurre, todo se convierte en supervivencia.

Lo opuesto a una recaída es reformarse. Cada reforma debe basarse en una condición mejorada mayor. Un aumento o estado modificado de mejora al eliminar aún más faltas, más dolores y más sufrimientos. Debe haber un cambio continuo para mejorar. El adicto debe aprender a lidiar con el dolor y los sufrimientos continuos. El dolor y el sufrimiento que puede desencadenar una cierta época del año, ver a cierta persona, etc. El yo verdadero del adicto es muy contrario a la persona disfuncional en la que parece convertirse durante la adicción. El adicto debe recordar el verdadero yo, debe perdonarse a sí mismo ya los demás, y debe aprender formas de nutrir el verdadero yo. El adicto y cualquier sistema cerrado deben encontrar la paz mental a través de todas las luchas de la vida.

Un Sistema Cerrado es un Sistema Adictivo. Hay muchos tipos de Adicciones y cualquier Sistema Cerrado se vuelve Adicto a algo. Todos somos Sistemas Cerrados; hasta cierto punto, todos tenemos adicciones de algún tipo. Hay tres niveles para ser humano; mentales, emocionales y

Las adicciones físicas y adicciones ocurren en todos y cada uno de los niveles. Las adicciones a nivel mental pueden aparecer como patrones de pensamiento aparentemente inocentes y percepciones con opiniones fuertes. Estos patrones de pensamiento pueden volverse muy dañinos, incluso destructivos para uno mismo y para los demás. Las adicciones a nivel emocional son respuestas emocionales habituales que también pueden dañar a uno mismo y a los demás. Las adicciones a nivel físico son las más evidentes y juzgadas por los demás. Estas adicciones son adicciones conductuales y de sustancias. Las adicciones a este nivel pueden ser ilegales e incluso causar la muerte. Somos Sistemas Cerrados y todos somos adictos en algún nivel a algún patrón habitual, buscando alguna respuesta intentando evitar lo inevitable, el yo. Intentar evitar los dolores y sufrimientos de la vida, ya sea que hayamos sido víctimas o perpetradores, nunca es la respuesta a los problemas de la vida.

no estábamosnace cerrado. Yo vine a esta vida inocente, y ha sido nuestra experiencia de vida, o al menos nuestra visión de nuestra experiencia de vida lo que nos ha convertido en Sistemas Cerrados. Nuestros sueños de la infancia desaparecieron, nuestras grandes imaginaciones se convirtieron en realidades que fracasaron, y la vida, como podría haber sido, parecía haber pasado de largo. Así que no es cierto. Esa es otra ilusión. No estás perdido; tu realidad es tu imaginación y tu vida está esperando tus direcciones. No puedes ir a donde no crees que puedes ir. No puedes hacer lo que no crees que puedes hacer. No puedes conocer el camino desconocido para ti hasta que lo experimentes y obtengas conocimiento de él. Algunas partes de ti pueden estar perdiendo el reconocimiento de ellas, y puedes preguntar: "¿Cómo puedo reconocer lo que aún no sé?" Es realmente bastante simple... Ir a antes de su comienzo. ¿De dónde vienes? antes de que te cerraras? Tal vez tienes que ir a antes de venir a la tierra. ¿Cuál es tu propósito aquí en la tierra? Hay muchas referencias tanto en la religión como en la ciencia en cuanto al hecho de que todo lo necesario para el éxito de una cosa ya existe sobre la cosa antes de que comenzara. Nada tiene un comienzo a menos que su potencial ya existiera en su forma verdadera. Saber u observar el algo mientras todavía no es nada es una fortaleza que algunas personas tienen hoy.

Mira a las personas que te importan y a las que se preocupan por ti, pregúntales qué potencial observan en ti y comparte con ellos el potencial que tienes. ver en ellos. Esta es la naturaleza humana común, aunque puede ser más fácil hacerlo como observador que como observado.

Antes de que nacieras, ya tenías un verdadero potencial para tener éxito en todos y cada uno de los desafíos de la vida. Ningún desafío de la vida se te presentaría sin que tuvieras el potencial para superarlo. Esto es solo un hecho simple, así como realidades espirituales y científicas.

Mire a aquellos a su alrededor que luchan contra las adicciones y recuerde el potencial que sabía que alguna vez tuvieron. No se fue simplemente; es el Yo Verdadero, y el Yo Verdadero no desaparece simplemente. La visión propia del individuo de su verdadero yo limita el verdadero yo de ser todo lo que ya podía ser antes de que comenzara.

Regrese a antes del comienzo para encontrar su fuente de fortaleza, esperanza, fe.y dirección

Un sistema Cerrado se convierte en nada más que los mismos límites y limitaciones creados para mantener el Sistema Cerrado. Se necesitan mentiras, engaños, deshonestidad y muchos otros pensamientos, sentimientos y comportamientos para mantener un sistema cerrado. Estos mismos pensamientos, sentimientos y comportamientos del sistema cerrado están en conflicto e incluso son contrarios a las verdaderas creencias propias. La Identidad real del Individuo parece desvanecerse y todo lo que parece quedar de ellos son los cimientos de la Adicción.

Nuestra capacidad hacia la "Unidad", para ser "Uno" con nosotros mismos, nuestras familias y la sociedad desaparece cuando esto sucede. Nuestra identificación psicológica se establece simplemente sobre la base de los límites, fronteras e insuficiencias de los problemas. Aparentamos ser mentirosos, engañadores, ladrones, egoístas y toda nuestra identidad parece haberse convertido en pensamientos, sentimientos y comportamientos que ayudan a tolerar la adicción. La adicción, cuyo único fin ha sido evitar que tengamos que enfrentarnos y superarnos a nosotros mismos.

¡La identidad ha estallado! Ya no somos nosotros mismos. Solo tenemos acceso a los pensamientos, emociones y comportamientos de nuestra devoción a la Adicción. Esto es en un esfuerzo por alcanzar una meta con un verdadero objetivo enterrado en lo más profundo de nosotros.

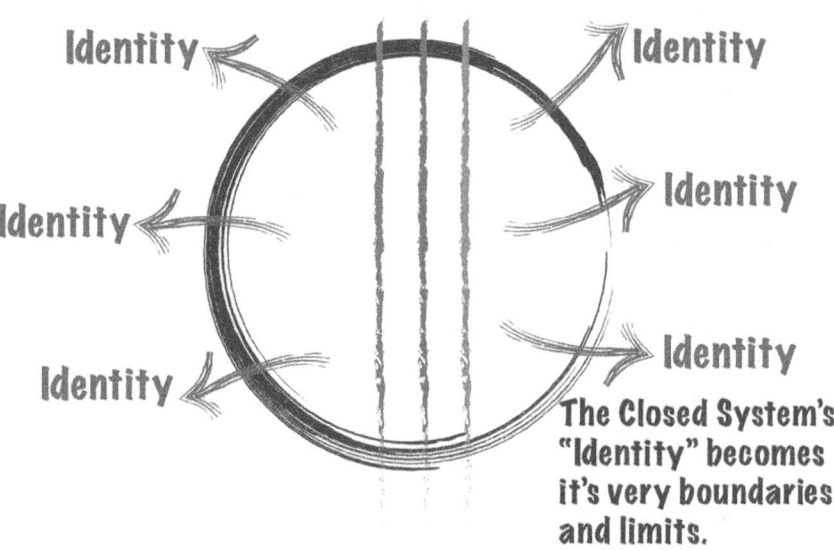

El impulso compulsivo por más y más sustancia o conductas se debe a que estas mismas cosas difieren y están en conflicto con las propias creencias y prácticas del adicto sobre las formas de alcanzar la meta y lograr el objetivo: tolerar con simpatía hacia uno mismo, mientras se entrega a falsas creencias y prácticas que difieren y están en conflicto con sus propias creencias y prácticas. Cada vez que permiten que la adicción gane, sus propias creencias, prácticas, metas y objetivos en conflicto necesitan más y más sustancia o comportamiento en un esfuerzo por evitar el yo inevitable. Sus propias creencias y prácticas, su verdadero conocimiento de sus propias metas y objetivos se enferman más y más dentro de ellos.

Parecen haber desaparecido y todo lo que ven es a través de los límites de la adicción. Ya no pueden vivir consigo mismos; tienen que alejarse tanto como sea posible por cualquier medio que sea necesario. La vida para ellos se ha vuelto insoportable. No por su adicción, sino porque saben lo que realmente creen, saben lo que quieren lograr en su vida, saben cómo les gustaría ser y que tienen un propósito.

Nunca pueden correr lo suficientemente rápido o lo suficientemente lejos porque están huyendo de sí mismos. No solo cosas que han experimentado, también cosas en las que realmente creen y que tienen dentro de sí y son capaces de poner en práctica.

Realmente ya no son ellos mismos y la adicción los engaña para que crean en ella en lugar de creer en ellos. Sin la adicción, anhelan superar sus propios miedos, vergüenza y culpa.

Deben engañarse a sí mismos para tener simpatía y entregarse a creencias y prácticas que son verdaderamente diferentes o que están en conflicto con su Yo Verdadero, su yo potencial. De hecho, todo el propósito de la adicción es crear la ilusión de la Autovisión para mantener cautivo al Verdadero Ser.

NI SIQUIERA SABES - por Janey Marvin

tu noni siquiera sabes quién eres, y ni siquiera piensas que nos importa. Crees que te vemos a través de los ojos de la adicción, Te vemos a través de los ojos de nuestras oraciones. Crees que te has convertido en las mentiras que dices, a los demás e incluso a ti mismo. El engaño que se necesita para mantener la adicción, las profundidades de la Tierra para llegar a su infierno hecho por el hombre. Corres tanto de día como de noche sintiéndote perdido y solo, no hay nada más que nadie pueda decir para convencerte de que no estás en casa. Recordamos quién eres y sabemos quién puedes ser. La mentira no está dentro de ti; engaños no llenaron tu alma.

Rodeado en tu prisión, atrapado y sintiendo frío. No hay lugar donde puedas correr, ningún lugar donde puedas esconderte, para escapar de la forma en que te amamos, el tú que conocemos por dentro. ¿Qué tan profundo debes ir, qué frío debes tener, antes de que tus ojos se abran, antes de que estés listo para ver? No estás destinado ni estás solo. Estamos todos juntos en esto, ninguno está solo.

Dios colocónosotros aquí en la Tierra, ninguno fue enviado a perder. Deja las drogas, las mentiras y el odio, deja las pastillas y el alcohol. No eres lo que el diablo quiere que pienses. No es tan difícil ni tan lejano cambiar tu vida, tus hermanos y hermanas abundan. No importa lo que haya sucedido o lo lejos que vayas, nunca es demasiado tarde. Estás en nuestras oraciones, estás en nuestros corazones, te encontraremos en la puerta.

No sé si esto te ayuda a sentirte mejor o peor, lo que sí sé es la verdad. Tengo un dicho: "Prefiero escuchar la fea verdad que una hermosa mentira, cualquier día".

TAREA: HACER LO SENSORIALPERFIL PERSONAL

Cuestionario de personalidadREFERENCIAS

1) Al notar mis propios temas de pensamiento o conversación, mi mayor área de enfoque es:

    A. Cosas que he visto y luego oído
    B. Cosas que he oído y luego visto
    C. cosas que he hecho
    D. Cosas con las que me relaciono
    E. Proceso de hacer las cosas
    F. los resultados finales

2) En mi opinión, los hechos principales se pueden encontrar a través de las siguientes preguntas.

   A. Por qué
   B. Qué
   C. Cual
   D. Quién
   E. Cómo
   F. Donde
   G. Cuándo

3) Los elementos (aspectos) más útiles en la vida son:

   A. Razón, Ideas
   B. Significado, Valores
   C. Acciones, Intuiciones
   D. Relaciones
   E. Cómo
   F. Estrategias
   G. Tiempo/Yo

4) La acción debe basarse en

   A. Razón
   B. Sentido
   C. Intuición
   D. Relaciones
   E. Planificación
   F. Estado

5) La mayor conexión para mí está en:

   A. Pasado
   B. Regalo
   C. Futuro Respecto a:
   D. cosas vistas
   E. cosas escuchadas

F. Acciones tomadas
G. Relaciones
H. Funcion de
I. Habilidades

6) Lo único que siempre es el foco de cualquier asunto para mí es:

    A. Concepto
    B. Valor
    C. Intuición
    D. Asociación
    E. Cualidades
    F. Medios para y fin

7) La indicación más importante para mí es:

    A. Por qué
    B. Qué
    C. Cual
    D. Quién
    E. Cómo
    F. Donde
    G. Cuándo

DECISIONES

1) El proceso de acción más importante de decidir para mí es:

    A. Energía
    B. Método
    C. Ideas
    D. Personaje
    E. Valor
    F. Comportamiento

2) Una cosa está fuera de toda duda para mí basada en:

   A. Relativo
   B. Acción
   C. Representación
   D. Pensamiento
   E. Cognición
   F. lógica natural

3) Cuando me dan alternativas, hago mi elección en base a:

   A. Circunstancias
   B. La gente
   C. Diseño
   D. Condiciones
   E. Visión
   F. Principio moral

4) Cuando explico mis conclusiones de una cosa enfatizo:

   A. Relación personal
   B. Intereses mutuos
   C. Conceptos pasados
   D. ideas personales
   E. intuiciones subjetivas
   F. Intuiciones objetivas

5) Una buena elección requiere:

   A. Estrategias y sus relaciones.
   B. Buena comunicación en las relaciones.
   C. razón y carácter
   D. Creencia e ideas
   E. Acción para los demás y significado
   F. Valor pasado y acción presente

MOTIVADORES

1) MiEl poder de conducción proviene de:

   A. La acción presente y mi carácter personal
   B. Propósito futuro e intuiciones presentes
   C. Mañanasventaja, principios de ayer
   D. de ayervalores morales y plan de mañana
   E. FormasHe visto el mundo su significado
   F. Miantepasados y mi conocimiento futuro

2) Me emociono más fácilmente con:

   A. Miintuiciones del mundo y el este relaciona
   B. El carácter de los demás y sus acciones.
   C. Pasos creados para el mundo para su futuro basados en el pasado.
   D. Poder conocer formas de hacer que mi vida cambie
   E. Las relaciones personales me ayudan a salvar mi propio pasado.
   F. Tener relaciones hoy con personas con las que puedo crear ideas.

3) Mimayor motivo de éxito se basa en:

   A. Acción de otros e intuición si pertenecen al futuro
   B. Mivisión del carácter y mis propias acciones presentes
   C. C.Gran significado/valor de lo que escucho y conocer el resultado final
   D. Estrategias en uno mismo para el futuro con significado del pasado
   E. Otros relacionados con ella y la idea ya existente
   F. Buenas razones y relación personal con ellas.

4) La mayoría de las veces ayudo a otros a actuar al:

   A. Porcompartir mi entusiasmo y futuras creencias en ellos
   B. Midatos y acciones con valor para ellos
   C. Investigación sobre el pasado y estrategias de futuro
   D. Miconocimiento y datos de los que lo obtuve
   E. Presentarlos a personas que conozco para compartir sus ideas.

F. Ayudándolos a encontrar razones para relacionarse con ellos

5) Cuando me dan opciones, prefiero:

   A. Actuar sobre la intuición y el carácter propio.
   B. Conocer procesos futuros y cuestionar el presente.
   C. Tener todos mis datos a mi alrededor y decidir mis funciones
   D. Planificar mi futuro en base a lo que he reunido.
   E. Conoce su relación ahora con las visiones de mi pasado.
   F. Percibirla representación en todas las cosas y su relación.

6) En la mayoría de las áreas de mi vida, empodero a otros con:

   A. Mipropias intuiciones y ayuda con mis rasgos personales
   B. Ejemplo de carácter y mis acciones.
   C. Reforzando su valor y mis conocimientos para lograr
   D. Miexperiencia en el área y palabras de sabiduría
   E. Relacionarme bien con ellos y compartir mis visiones imaginativas.
   F. Mundanomotivo de su empoderamiento personal

7) ComoMientras tenga lo siguiente, puedo continuar:

   A. Construyendo mi acción e intuición con buena fe en mi carácter.
   B. Centrarse en el futuro y las intuiciones emocionales con mi tomar poco parasin acción
   C. Significado e instrucciones detalladas.
   D. Metas futuras y buena ética
   E. Las relaciones con los demás y la buena razón.
   F. Ideas imaginativas con las que me siento conectado.

RESULTADOS DE LA EVALUACIÓN DEL PERFIL DE PERSONALIDAD

En la sección marcada Referencias cuente el número de A, B, C, D, E,

F. Las letras que más tienes son las que indican tus sentidos de Referencia. Cada uno de nosotros tiene dos sentidos de Referencia, dos de Decisión y dos de Motivador, recordando que también tenemos bloqueos sensoriales, y estos pueden estar indicados por un orden de disparo general sin ningún o un mínimo de sentido indicado en el orden de disparo. Las letras que indican Referencias de las letras A y B juntas y C y D juntas y E y F juntas indicarán una de las dos personalidades de orden de disparo sensorial primario que puede tener. Estos sentidos serán el primero y el cuarto sentido disparados en el orden de disparo.

Desdeeste punto, en la sección marcada Decisiones cuenta el número de A, B, C, D, E, F. Las letras que más tengas aquí te indicarán el segundo y quinto sentido activado en el orden de activación de tu personalidad sensorial.

Cuente el número de letras en la sección marcada como Motivadores y la mayoría de las letras y los sentidos indicados aquí identificarán su tercer y sexto sentido activados en el orden de activación de su personalidad sensorial.

Comenzando con sus sentidos de referencia, yendo a su decisión, luego los sentidos motivadores encuentran su orden de activación sensorial más cercano de la lista de diferentes órdenes de activación de personalidad que se enumeran a continuación.

Determina tu orden de disparo más alineado recordando que todos tenemos bloqueos sensoriales y estos bloqueos sensoriales también se indicarán en este cuestionario. Los bloqueos sensoriales se identifican con base en respuestas de menor o nulo sentido en las secciones de Referencia, Decisiones y Motivador y en el orden de activación más similar identificado.

Cada vez que hay un bloqueo sensorial, si el sistema nervioso central puede disparar a través del bloqueo, el siguiente sentido activado procesa la información del sentido bloqueado en función de sus propias funciones, lo que luego sobrecarga ese sentido y le da una perspectiva muy diferente a las funciones sensoriales bloqueadas.

Las respuestas A y B, luego C y D, luego E y F son similares en función subconsciente. Cualquier respuesta G indica una referencia para enfocarse en el tiempo en lugar de uno mismo.

Identifique su perfil de personalidad principal y lea la descripción. Hay infinidad de información que podemos colocar en estas descripciones, como Elementos, órganos del cuerpo y enfermedades. Cualquier cosa que sea parte de nuestra experiencia mortal y espiritual se puede poner en los diferentes Perfiles de Personalidad.

Pregunta #5, en la sección de referencia: A y B indican referencia de tiempo pasado, C y D indican tiempo presente y E y F indican tiempo futuro. Es decir, el momento en el que más te concentras. Más de las diferentes preguntas de letras indicanla siguiente:

A) IDEALISTA

   Sentidos de referencia: A Sonido y B Vista Sentidos de decisión: D. Tacto y F Olfato

   Sentidos motivadores: E Gusto y C Energía

B) CONCEPTUALISTA

   Sentidos de referencia: B Vista y A Sonido Sentidos de decisión: F Olfato y D Tacto Sentidos de motivación: C Energía y E Gusto

C) ACCIONISTA

   Sentidos de referencia: C Energía y D TactoSentidos de decisión: B Vista y E Gusto Sentidos de motivación: F Olfato y A Sonido

D) RELACIONALISTA

   Sentidos de referencia: D Touch y C EnergyDecisión Sentidos: E Gusto y B Vista Sentidos motivadores: A Sonido y F Olfato

E) FUNCIONISTA

Sentidos de referencia: E Gusto y F Olfato Sentidos de decisión: A Sonido y C Energía Sentidos de motivación: D Tacto y B Vista

F) ESTRATEGA

Sentidos de referencia: F Olfato y E Gusto Sentidos de decisión: C Energía y A Sonido Sentidos motivadores: D Vista y B. Tacto

IDEALISTA

Tú son los pensadores para el mundo. Sentirse impulsado a establecer la dirección de nuevos caminos para aumentar el significado de la vida y agregar mayor valor. El enfoque de la vida para usted está principalmente en el pasado y está constantemente buscando más datos y comentarios que el pasado pueda ofrecerle.

Tú Eres una persona que toma mucha acción en tus elecciones y busca siempre más datos para obtener más sabiduría en tu elección.

Eliminar los pensamientos del pasado de tu mente es un patrón natural para ti cuando encuentras mayor valor y significado en algo nuevo.

Los idealistas creen que todos tienen o deben tener sus ideales y su ética. Están orientados a los detalles hasta el punto de ser demasiado perfeccionistas. A menudo, algo es lo mejor o lo peor, sin término medio.

Creen en el honor y viven según un código de ética universal. Cuando no lo hacen, se convierte en una cuestión de orgullo, del cual tienen demasiado. Necesitan aprender paciencia perfectamente.

Es oes su ideal manifestar sus ideales y objetivos más pronto que inmediatamente. Esto a veces se interpone en su camino y, por lo tanto, tienden a adelantarse a sí mismos, tratando de entrar en acción (generalmente una acción masiva) lo más rápido posible.

Su filosofía es vivir y actuar sabiamente en su esfuerzo por construir y poner orden en un mundo imperfecto.

Los idealistas son el tipo más raro. Pueden ser solitarios y muchas veces son muy ricos. Muchos viven en Inglaterra y Canadá. Un pequeño porcentaje de Idealist vive en los Estados Unidos y otras partes del mundo.

ORDEN DE DISPARO IDEALISTA:

1) Sonido: Referencia: Valores y Significado
2) Tocar:Decisión: Relaciones
3) Gusto:Motivador: Carácter, Procesos
4) Vista: Referencia: Ideas, Razón, Conceptos
5) Olor: Decisión: Estrategias
6) Energía: Motivador: Acción e Intuición

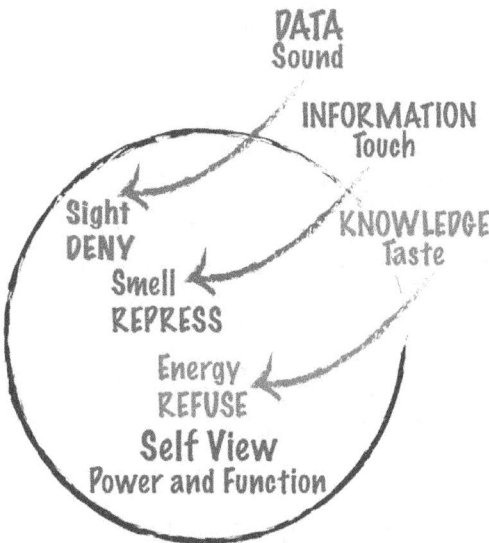

CONCEPTUALISTA

Túpuede llamarse una persona visionaria, siempre capaz de ver y obtener ideas para ayudar a otros en las direcciones de la vida. Eres muy lógico y detallado en tu forma de pensar. El cambio puede ser fácil para ti, especialmente cuando se trata del pasado.

Es muy poco lo que extrañas de lo que sucede a tu alrededor. Sin embargo, es posible que tengas dificultades con la forma en que realmente se relaciona contigo. Es posible que a veces tenga problemas con las intuiciones que obtiene, especialmente cuando significan que debe cuestionar las intuiciones que ya ha tenido. La mejor manera de lidiar con esto es cuestionarse a sí mismo acerca de las intuiciones actuales y pasadas y no tomar ninguna acción por un corto tiempo. Puede ser mejor simplemente esperar y observar y elaparecerá la respuesta.

Los conceptualistas son los "cerebros" de la familia humana. Son los pensadores, extremadamente inteligentes y muy lógicos. Tienden a ser muy disociados y "digitales", con un apetito insaciable por la información. Les encantan los libros y la lectura.

Los conceptualistas tienen buenos recuerdos; especialmente con respecto a la gloria del pasado. También pueden ser bastante farisaicos y engreídos. Pueden convertirse fácilmente en tradicionalistas burocráticos pesados y pesados.

A veces son peculiares y malhumorados, tienen un umbral bajo para la ambigüedad, ya que quieren ver la causa de las cosas. Necesitan saber que saben y se sienten impotentes si no lo saben. Esto es muy importante para ellos porque están muy motivados para sentir una gran sensación de poder personal.

Muchos conceptualistas viven en Inglaterra y Canadá. Un pequeño porcentaje de conceptualistas vive en los Estados Unidos y otras partes del mundo.

ORDEN DE DISPARO CONCEPTUALISTA:

1) Vista: Referencia: Ideas, Razón y Conceptos
2) Olor: Decisión: Estrategias
3) Energía: Motivador: Acciones e Intuiciones
4) Sonido: Referencia: Valores y Significado
5) Tocar: Decisión: Relaciones
6) Gusto: Motivador: Carácter

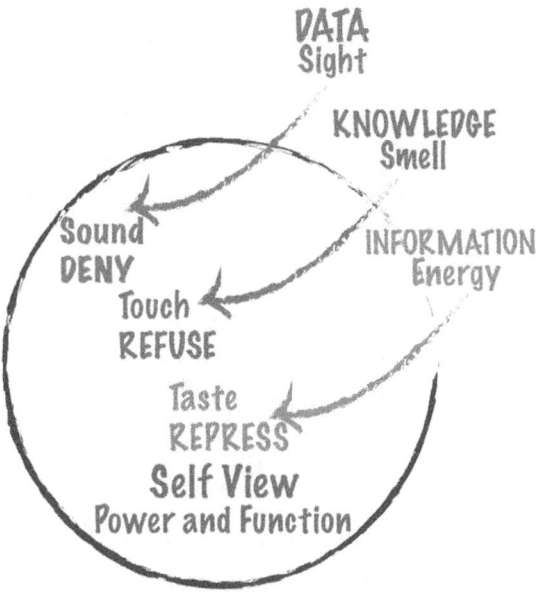

RELACIONALISTA

Túestán enfocados en el presente y pueden ser muy cariñosos y cariñosos con el mundo que los rodea. Eres muy informativo sobre la forma en que cosas muy diferentes en el mundo pueden relacionarse con otras cosas. Tiene tendencia a cuestionarse mucho y, en ocasiones, puede resultarle difícil reconocer el papel que desempeña en el mundo que le rodea.

Mucha gente busca la comodidad, aunque no siempre está seguro de versus propias fortalezas en su capacidad para ayudarlos.

Debido a esto, a veces eres un poco codependiente y esto puede superarse creyendo más en ti mismo y confiando en tus intuiciones. Tú también puedes fortalecerse no actuando siempre en el presente sino dejando que la vida se arregle sola.

Los relacionalistas son personas sociables: son trabajadores de redes naturales capaces de construir fuertes conexiones entre ellos y los demás. Pueden ser muy cariñosos y maternales, así como muy orientados al logro.

Desafortunadamente, quieren mantener sus relaciones a toda costa, incluso a costa de ellos mismos. Muchos son codependientes, facilitadores que son víctimas de su propio sacrificio. Esto sucede porque generalmente son Otros referenciados. Su Desafío de Vida es convertirse en su propia autoridad. Sienten que no son nada sin una relación. Algunos caen presa del autoengaño.

Los relacionalistas tienen una tendencia a evitar activamente a las personas y las cosas que no les gustan o con las que se relacionan negativamente. Harán esta evitación hasta que algún estímulo los haga sentir abrumados.

Hay tres tipos de relacionalistas:

A) El Ayudante: Alguien que da asistencia, apoyo. Como una locomotora adicional adjunta a un tren en la parte delantera, central o trasera. El Ayudante es alguien que estimula a otro directamente como una señal. El Ayudante da o presta ayuda, asistencia o servicio directa o indirectamente.

B) El Contra-Ejemplar: El Contra-Ejemplar va en contra del modelo estándar a veces en una dirección inversa, opuesta o contraria en oposición. Estas personas pueden responder oponiéndose y refutando a veces. Cuando maduran son arquetipos muy originales como Platóny otros grandes constructores de caminos.

C) El Triunfador: También llamado El Jefe. Los triunfadores son naturalmente exitosos en un resultado final y pueden ver las cosas hasta su finalización. Lo logran con gran esfuerzo que realizan y suelen salir victoriosos. Especialmente cuando tienen un propósito, provocan la intención.conclusión.

Los relacionalistas constituyen más del 55% de la población estadounidense, así como la gran mayoría de los hispanos y europeos como los franceses, los alemanes y los italianos. La mayoría de los negros también son relacionalistas.

ORDEN DE DISPARO RELACIONALISTA:

1) Tocar:Referencia: Toque
2) Gusto:Decisión: Carácter
3) Sonido: Motivador: Valores y Significado
4) Energía: Referencia: Acción e Intuición
5) Vista: Decisión: Ideas, Razones, Conceptos
6) Olfato: Motivador: Estrategias

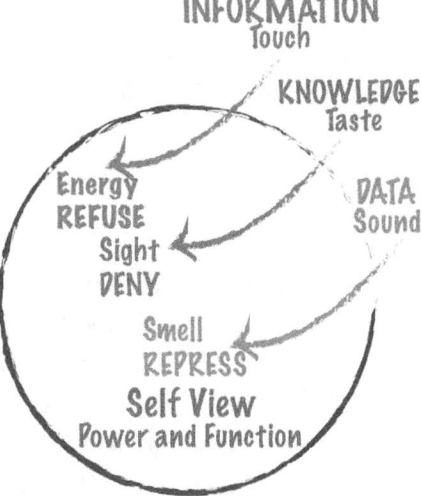

ACCIONISTA

Túson muy intuitivos, aunque actúan demasiado rápido y con demasiada emoción. Tómese un tiempo para ver lo que puede suceder antes de tomar medidas y luego tome medidas. Tiene un problema al permitir que otros lo ayuden y no confía lo suficiente en las relaciones que ya tiene. Incluso puede ser terco a veces.

Túsomos una biblioteca de información y motivados por más conocimiento para el futuro. Ofreces tu conocimiento libremente al mundo con las razones y los pasos para aplicar el conocimiento.

Los activistas son individualistas que disfrutan de su singularidad especial: les gusta ser diferentes. Para ellos su palabra es su vínculo. A menudo se sacrifican para cumplir una promesa. Son los mayores escépticos del mundo y pueden parecer hombres o doncellas de hielo avaros, egoístas y demasiado egocéntricos. Con frecuencia sufren de envidia.

A diferencia de los relacionalistas, les cuesta mantener la conexión con los demás. A menudo sienten que viven la vida trágica del romántico incomprendido. Si no saben qué acción tomar, no están dispuestos y muchas veces no pueden actuar. Estar en movimiento significa vivir, significa propósito. Muchos son adictos al movimiento (Acciones). Tienen un problema con la ira y pueden ser muy iracundos.

Están motivados para ser la encarnación viva de sus ideales y constantemente refinan y redefinen sus conocimientos y habilidades. Los activistas, si son maduros, pueden ser muy sabios.

Hay tres tipos de Accionistas:

A) El Individualista: El Individualista muestra gran independencia e individualidad en pensamiento y acciones. Abogan por la individualidad y el individualismo y son sensibles a las características particulares que los distinguen de los demás. Estos para ellos son un principio y un hábito hasta cierto punto, a veces de no perseguir intereses comunes o colectivos.

B) El observador: el observador es bueno solo para observar y poder informar sobre acontecimientos y eventos. Simplemente observan, esto puede hacer que los demás no siempre los aprecien, ya que rara vez se involucran personalmente. Tienen una tendencia natural a informar eventos y sucesos, ya que pueden observarlos acercándose a la situación. El observador presta mucha atención a muchas cosas y, por lo general, considera cuidadosamente muchos eventos que suceden al mismo tiempo.

C) El Hacedor: El Hacedor siempre está haciendo algo y hará las cosas con vigor y eficiencia. Se caracterizan por la acción y se distinguen de los dados a la contemplación. El hacedor generalmentetiene un carácter divertido o excéntrico.

La mayoría de la gente de Escandinavia y Holanda son activistas. Representan aproximadamente el 25% de la población estadounidense, muchos de elloshispanos.

ORDEN DE DISPARO DEL ACCIONISTA:

1) Energía: Referencia: Acciones e Intuición
2) Vista: Decisión: Ideas, Razón y Conceptos
3) Olfato: Motivador: Estrategias
4) Tocar:Referencia: Relaciones
5) Gusto:Decisión: Carácter
6) Sonido: Motivador: Valores y Significado

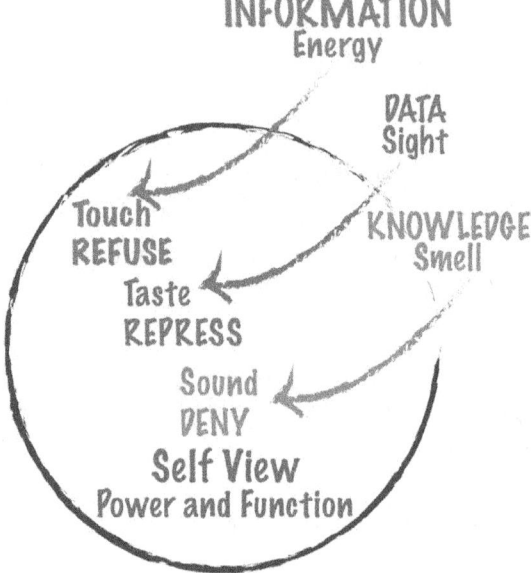

FUNCIONISTA

Los funcionalistas constituyen el 75% de la población mundial. Eres bueno en los negocios y tu enfoque principal siempre está en los planes de éxito del mañana. A veces puedes parecer un poco frío en tus relaciones personales. Tu visión del mundo se basa en procesos, valores y relaciones, por lo que puedes ser muy dedicado a la familia y los amigos. Tu visión de ti mismo son las instrucciones paso a paso para lograrlo, de modo que puedas ser algo autocrítico. También puede cuestionar sus propias acciones e intuiciones y tener problemas con sus razones para hacerlo.

El funcionalista puso las cosas juntas. Trabajan en problemas utilizando su gran capacidad para absorber y digerir enormes cantidades de datos. Sus

El procesamiento aleatorio, pero sistemático, forma estructuras organizadas cuyas partes funcionan juntas como engranajes finamente engranados.

Están motivados para buscar las ideas más importantes y se sienten bloqueados cuando toman estas soluciones y descubren que no pueden plasmarlas en un plan. Su primer pensamiento es la seguridad y la protección, por lo que encuentran formas de eludir la incomodidad y el dolor. Constantemente encuentran formas de mejorar la vida, pero desafortunadamente, pueden caer en la codicia y la glotonería mientras se esfuerzan por sentirse bien.

Estas personas poderosas tienen una curiosidad insaciable y, por lo tanto, suelen desarrollar una amplia gama de intereses y gustos. Aunque a veces tienden a ser soñadores optimistas y un poco ingenuos, esto se ve atenuado por su lado práctico.

Funcionalista, en grupos, tiende a luchar por la uniformidad pero puede ser respetuoso con las idiosincrasias personales.

La mayoría de los japoneses son funcionalistas. Algunas tribus indias de América del Norte y del Sur están compuestas en su mayoría por funcionalistas. ha sido descubiertoque algunos irlandeses de origen celta también son del tipo.

ORDEN DE DISPARO DEL FUNCIONISTA:

1) Gusto:Referencia: Personaje
2) Sonido: Decisión: Valores y Significado
3) Tocar;Motivador: Relaciones
4) Olor: Referencia: Estrategias
5) Energía: Decisión: Acciones e Intuición
6) Vista: Motivador: Ideas, Razón y Concepto

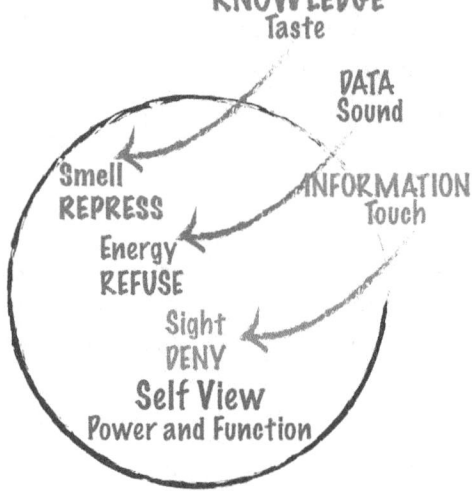

ESTRATEGA

Túson muy raros y tienen una gran capacidad de ser ricos en cualquier curso que elijas en la vida. Tienes un gran conocimiento y sabes cuándo actuar o cuándo cuestionar antes de actuar. Los demás te ven por tus grandes habilidades, aunque no siempre las reconoces en ti mismo.

Los estrategas son planificadores, tácticos que resuelven las cosas secuencialmente. Aprecian la competencia y son guardianes de la habilidad: son personas dedicadas y trabajadoras que prosperan en horarios ajustados.

Tienen problemas básicos de vida con el dinero y los riesgos, ya veces con el sexo. Como les gusta el "olor dulce del Éxito", viven con el peligro siempre presente de caer en la lujuria y la avaricia.

Los estrategas tienen miedo de hacer las cosas mal y no encajar. A veces les cuesta encontrar lo que les hace sentir bien. Para compensar su falta de confianza en sí mismos con los demás, buscan continuamente formas de conectarse con un grupo que tiene valores estables y bien definidos.

Son muy leales a los demás a los que respetan y admiran. Hay un corazón de oro al final de su arcoíris.

La mayoría de los chinos, los taiwaneses y los tibetanos son del tipo, lo que los convierte en el porcentaje más alto de la población mundial. Algunas tribus indias de América del Norte y del Sur están formadas principalmente por estrategas.

Túpodría tener dificultades a veces con su relación con Dios.ORDEN DE DISPARO DEL ESTRATEGA:

1) Olor: Referencia: Estrategias
2) Energía: Decisión: Acciones e Intuición
3) Vista: Motivador: Ideas, Razón y Concepto
4) Gusto:Referencia: Personaje
5) Sonido: Decisión: Valores y Significado
6) Tocar:Motivador: Relaciones

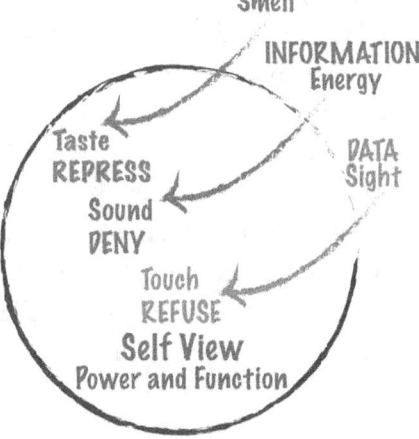

CAPÍTULO 4

FÍSICA DE LAS ADICCIONES

Sistemas abiertos y cerrados es una teoría física y consiste en leyes físicas. Tiene muchas aplicaciones y el simple hecho es que un Sistema Cerrado, de cualquier tipo, es un Sistema Adicto.

Los Sistemas Cerrados no están abiertos a nuevos comentarios, datos o información, y mucho menos al conocimiento; sus fronteras no son ni flexibles ni permeables. Los sistemas cerrados no crecen ni ganan nada; se dirigen hacia la autodestrucción y eventualmente implosionan si no se abren. Esto sucede en el cuerpo humano entre nuestras células, cuando los límites de las células se cierran y no son permeables, se vuelve canceroso e infecta a otras células. Las células deben comunicarse entre sí, cuando una célula no puede enviar una señal o no puede recibir una señal, el resultado es la enfermedad. Esta capacidad de enviar y recibir comunicación es a través de la membrana o límite de las células. Un límite cerrado (sistema cerrado) autodestruye la célula y los sistemas interrelacionados e interdependientes de la célula para la comunicación. Cuando un Sistema Cerrado está en declive, Las fuerzas naturales entran en juego y su único objetivo es eliminar o levantar las restricciones que mantienen el Sistema Cerrado. Estas fuerzas naturales pueden sentirse como arietes golpeando los límites y las paredes del Sistema Cerrado. Esto, a veces, puede parecer una consecuencia natural de la elección, obligando a todo el sistema a "tocar fondo". Tocar fondo es el último recurso de las fuerzas naturales para eliminar o levantar las restricciones que mantienen el Sistema Cerrado.

He experimentado un "amor duro" y he "tocado fondo" en mi pasado, y sobreviví. He trabajado con muchos adictos y he tenido que imponer y alentar a otros a tomar una posición en nombre del amor. He visto a muchos grandes individuos tocar fondo, incluso he estado en algunos funerales de adictos hermosos, talentosos, brillantes y amorosos. ¿Ya has terminado de ser un sobreviviente y estás listo para vivir?

La estabilidad se vuelve disfuncional porque un Sistema Cerrado solo puede duplicarse a sí mismo, por lo tanto, los Sistemas Cerrados se vuelven generacionales, Sistemas Adictivos y comunidades.

TodosLos sistemas están destinados a ser sistemas abiertos. Hay dos funciones principales de los sentidos humanos con respecto a la física de un sistema. Hay datos sensoriales específicos que actúan como una fuerza natural para cambiar el efecto de otros datos sensoriales en el individuo. La única función verdadera de nuestros datos sensoriales con respecto a nuestro sistema como un ser completo es crear una "vista" específica. La "vista" en sí misma no es la realidad de nosotros mismos ni el mundo que nos rodea; esta vista creada a través de nuestra experiencia sensorial es solo nuestro rango de visión o examen de nosotros mismos y del mundo en el que vivimos. Su rango de visión no irá más allá de sus creencias y puntos de vista preprogramados, lo que ve es lo que tiene dentro. Ser capaz de experimentar realmente el yo y el mundo es virtualmente imposible para un sistema cerrado.

Experimentar es un estado de ser afectado y adquirir conocimiento a través de la observación y participación de los eventos que nos rodean. No negarlos, negarlos, reprimirlos y evitarlos. La experiencia es algo con lo que nos encontramos, experimentamos y vivimos personalmente y de lo que obtenemos un mayor conocimiento y crecimiento.

Hay otros principios físicos necesarios para "experimentar" en lugar de simplemente "ver" y estos consisten en: Ciclo de Entropía, Totalidades y Puentes Cuánticos. Primero debe ser un sistema abierto para permitir que estos otros principios funcionen en su vida. Si no estás abierto, nada de esto te ayudará a cambiar. Justificar o negar, negarse a aprender es un sistema cerrado y es adicto a sus propios patrones de pensamiento y emociones y comportamiento.

patrones. Si eres predecible en las respuestas a las cosas, estás cerrado. La esperanza es que el simple hecho de conocer esta información pueda ayudarlo a ser más abierto y puede motivarlo a creer y soñar nuevamente. Nadie se cierra intencionalmente, nacemos abiertos, las experiencias de nuestra vida hacen que nos cerremos. La aplicación real de estos principios físicos junto con el conocimiento te permite transformarte.

De lo contrario, simplemente "ver" nuestro mundo y simplemente "ver" el yo es simplemente una opinión o juicios basados en sentimientos y pensamientos de nuestras experiencias pasadas y los programas subconscientes con respecto a ellos. El cambio es prácticamente imposible; nos sentimos afortunados de tener un cambio paso a paso (cambio incremental). La Teoría Holográfica de la Transformación Humana se basa en los 4 principios físicos mencionados y es funcional basada en la física de la correspondencia. Estos 4 principios físicos se mencionan en este libro, y hay libros separados que profundizan en gran detalle sobre las leyes físicas y la Teoría Holográfica de la Transformación Humana.

Esto puede parecer mucho, especialmente al principio, pero cuando se desglosa y se superpone a la teoría humana holográfica, su efecto es un cambio en el nivel de identidad. La capacidad de "experimentar" el mundo y de "experimentarnos" a nosotros mismos en lugar de simplemente "verlos" es un nivel de conciencia completamente superior. Ser un observador y participar en los eventos que nos rodean y hacerlo de tal manera que el yo obtenga continuamente un mayor conocimiento.

Leyes físicas del sistema abierto frente al sistema cerrado aplicadas a la teoría de la transformación humana holográfica:

Los primeros tres sentidos activados en el orden de activación de la Teoría Holográfica Humana son la Visión del Mundo del individuo. Esto se basa en su orden de disparo sensorial en su perfil de personalidad que hizo en el Capítulo 3. Los primeros 3 sentidos junto con las funciones primarias sensoriales, los metaprogramas mayores y menores y los diferentes elementos de las diferentes totalidades. Todos estos aspectos de los diferentes sentidos tienen un efecto exacto en nuestro ser natural desde un nivel subconsciente. La visión del mundo de los primeros 3 sentidos activados es nuestra visión personal del mundo que nos rodea, en otras palabras, nuestra visión personal del mundo. Contiene, creencias, opiniones, pensamientos, emociones y comportamientos.

que percibimos, juzgamos y decidimos simplemente basándonos en las funciones y programas sensoriales.

La visión propia son los últimos 3 sentidos activados en el orden de activación y la visión del mundo es la visión que está programada para ver con el fin de lograr que la visión propia supere sus debilidades y obtenga un mayor conocimiento. Este es todo el propósito de un sistema abierto: continuar creciendo y ganando más conocimiento de nuestra experiencia de vida. Cualquiera que sea la debilidad en la que consiste la visión de sí mismo, es automáticamente lo que la visión del mundo verá para desencadenar la visión de sí mismo en busca de una oportunidad para cambiar. A medida que la visión propia crece y gana conocimiento, más y más experiencias están disponibles para ser vistas desde una visión de mayor conocimiento en la visión del mundo. El sistema cerrado sigue viendo cosas que activan la visión propia, pero la visión del mundo niega su validez, se niega a aceptar el evento de la visión del mundo como algo que necesita o le falta y encuentra formas de reprimirlo a cualquier precio.

Esta visión del mundo, basada en los sentidos humanos que se disparan para tener la visión, son solo fuerzas naturales que entran en juego para eliminar las creencias limitantes de nuestra visión personal. ¿¡¿Qué?!? Lo que el individuo ve en el mundo es lo que se necesita para eliminar las creencias limitantes del yo?!?! Lo que vemos y juzgamos del mundo tiene el propósito de elevar la "visión" de nuestro yo para que podamos experimentar el "yo", como realmente es el yo. Cuanto más severamente juzgamos al mundo, mayores serán las fuerzas naturales de esa visión porque las limitaciones de la visión de uno mismo son muy restrictivas. Estamos mucho más dentro de nosotros mismos de lo que podemos imaginar y mucho menos darnos cuenta (ojos reales) de lo que somos.

Esoes la visión del mundo que desencadena los patrones y programas disfuncionales de la visión de sí mismo que están en correlación directa con las limitaciones de la visión de sí mismo. Las limitaciones de nuestra propia visión de nosotros mismos son nuestros propios patrones y programas disfuncionales que nos impiden experimentar nuestro verdadero yo. Si sientes o notas que los patrones de tu vida simplemente se repiten de alguna manera, es el resultado de ser un sistema cerrado y no crecer y obtener un mayor conocimiento a través de los eventos y experiencias de la vida.

Cuando podemos cambiar la visión del mundo, cambiamos automáticamente los programas disfuncionales de la visión propia y eliminamos esas limitaciones de la visión propia. Cuando esto comienza a ocurrir, comenzamos a experimentar nuestro mundo como nosotros mismos y comenzamos a ser más conocedores y sabios a través de los eventos de la vida.

Estas leyes de la física se entienden fácilmente usando ejemplos en nuestra vida cuando hemos visto el mundo que nos rodea como hostil o injusto de alguna manera para nosotros. Nuestro programa interno (de autovisión) puede volverse defensivo o retraído. Cualquier programa no aborda la visión del mundo. Cuando vemos el mundo que nos rodea (incluso si nos están molestando) como una oportunidad para crecer y superar nuestros patrones disfuncionales, podemos responder aprendiendo a expresarnos a nosotros mismos, más detalladamente. Hay muchos ejemplos de la forma en que ha visto el mundo y su efecto en su propia visión o respuesta del programa interno. Cualquiera que sea la vista podría ser; miedo, ira, no entendido, Enfrentar la Vista. Admitir, aceptar y expresar para crecer y superar las limitaciones de la autovisión.

Los patrones limitantes de la Autovisión son para ayudar a un individuo a evitar lo inevitable, El Verdadero Ser. ¿Por qué uno podría elegir evitar su verdadero yo? Todos tenemos creencias limitantes que adquirimos a través de nuestra educación y nuestras experiencias de vida. Todos tenemos debilidades; son nuestras propias creencias autolimitantes las que nos impiden convertirnos en todo lo que podemos llegar a ser. Es sólo el yo lo que debemos aprender a superar. Somos nuestro mayor enemigo. El hombre natural es enemigo de Dios y de sí mismo. Nuestras debilidades se convertirán en nuestras fortalezas. Evita las debilidades internas en lugar de enfrentarlas y convertirlas en fortalezas. negarlos. Negarse a aceptarlos. Reprimirlos. Ya estamos convencidos de que no existen. Si los patrones de la vida (eventos, experiencias, puntos de vista) se repiten, estamos negando, rechazando y reprimiendo nuestro verdadero yo y nuestra visión del mundo está trabajando para que nos enfrentemos a nosotros mismos.

El Yo Verdadero parece tener partes faltantes basadas en la visión propia. Elimine los límites en la visión propia y recuerde el Verdadero Ser. Las partes faltantes nunca faltaron en absoluto, simplemente estaban restringidas de su vista. Eliminar estas limitaciones le permite experimentar y no solo ver el

uno mismo. El verdadero yo de la visión del yo está dentro, las limitaciones son restricciones que retienen al verdadero yo. Algo ha establecido un límite, un límite, estipulaciones en cuanto a no permitirte ser tu verdadero yo, este verdadero yo se conoce a sí mismo y busca eliminar estos límites. El yo verdadero necesita ayuda y la visión del mundo está tratando de ayudar.

Un Sistema Cerrado es una Totalidad y consta de tres Elementos separados. Los tres Elementos de un Sistema Cerrado son: Negar, Rechazar y Reprimir. Negar está asociado con los sentidos del oído y la vista; literalmente lo que oímos y vemos. Negar también se asocia entonces a las funciones, metaprogramas y elementos asociados al sentido del oído y de la vista: valores, ética, significado, ideas, razones, procesos mentales y conceptos. Rechazar se asocia con el sentido del tacto y la energía, sus funciones, metaprogramas y elementos: relaciones, intuiciones, acciones y emociones. Repress está asociado con el sentido del gusto y el olfato, sus funciones, metaprogramas y elementos: creencias sobre el carácter, procesos, creencias sobre estrategias y comportamientos.

UnEl Sistema Abierto es una Totalidad y consta de tres Elementos separados. Los tres Elementos de un Sistema Abierto son Admitir, Aceptar y Expresar. Admitir está asociado con el sentido del oído y la vista; literalmente todo lo que oímos y vemos. Admitir se asocia entonces a las funciones, metaprogramas y elementos asociados a estos sentidos: valores, ética, significados, ideas, razones, conceptos y procesos mentales. Aceptar se asocia con el sentido del tacto y la energía, sus funciones, metaprogramas y elementos: relaciones, intuiciones, acciones y emociones. Express está asociado con el sentido del gusto y el olfato y sus funciones, metaprogramas y elementos: creencias sobre el carácter, procesos, creencias sobre estrategias y comportamientos.

Cada Elemento de cualquier Totalidad tiene sentidos humanos específicos con los que están asociados y funcionan en relación con ellos. Cada Elemento de cualquier Totalidad tiene su propia identidad y función, lo cual es muy importante para la totalidad que forman. Si los elementos no funcionan correctamente juntos, la Totalidadtampoco es funcional.

TodosLos Sistemas y Elementos trabajan juntos basados en la Física de la Correspondencia. La versión simple de Correspondencia es la capacidad abierta de cada uno de los sentidos y los elementos asociados con los sentidos para corresponder entre sí. La correspondencia se descompone en una correlación matemática entre diferentes conjuntos con diferentes funciones. La correspondencia es una relación entre conjuntos en la que cada miembro de un conjunto está asociado con uno o más miembros del otro conjunto. En otras palabras, los diferentes sentidos con sus diferentes funciones, meta-programa y elementos deben corresponder entre sí para que todo el sistema (el ser humano completo) funcione correctamente en su potencial. Esta correspondencia debe ser interrelacionada e interdependiente para mantener la identidad individual de cada uno de los sentidos, sus funciones, metaprogramas y elementos. Así como en la Totalidad (3 Elementos) del Tiempo. Pasado (Elemento 1) está asociado con el sentido del oído y la vista. Presente (Elemento 2) está asociado con el sentido del tacto y la energía. El futuro (Elemento 3) está asociado con el sentido del gusto y el olfato. El pasado es el pasado, no lo traigas al presente o al futuro. Presente es el Presente, no lo pongas en Pasado o Futuro. El Futuro es el Futuro, no lo pongas en el Pasado o en el Presente. Aún así, se interrelacionan, de manera interdependiente para que el potencial de Totalidad del Tiempo mismo sea un sistema completo en nuestras vidas. Algunas personas realmente luchan por saber si tienen un futuro o si su pasado se puede superar y pueden sentir que no están viviendo en su presente. Presente

(Elemento 2) está asociado con el sentido del tacto y la energía. El futuro (Elemento 3) está asociado con el sentido del gusto y el olfato. El pasado es el pasado, no lo traigas al presente o al futuro. Presente es el Presente, no lo pongas en Pasado o Futuro. El Futuro es el Futuro, no lo pongas en el Pasado o en el Presente. Aún así, se interrelacionan, de manera interdependiente para que el potencial de Totalidad del Tiempo mismo sea un sistema completo en nuestras vidas. Algunas personas realmente luchan por saber si tienen un futuro o si su pasado se puede superar y pueden sentir que no están viviendo en su presente. Presente (Elemento 2) está asociado con el sentido del tacto y la energía. El futuro (Elemento 3) está asociado con el sentido del gusto y el olfato. El pasado es el pasado, no lo traigas al presente o al futuro. Presente es el Presente, no lo pongas en Pasado o Futuro. El Futuro es el Futuro, no lo pongas en el Pasado o en el Presente. Aún así, se interrelacionan, de manera interdependiente para que el potencial de Totalidad del Tiempo mismo sea un sistema completo en nuestras vidas. Algunas personas realmente luchan por saber si tienen un futuro o si su pasado se puede superar y pueden sentir que no están viviendo en su presente. El Futuro es el Futuro, no lo pongas en el Pasado o en el Presente. Aún así, se interrelacionan, de manera interdependiente para que el potencial de Totalidad del Tiempo mismo sea un sistema completo en nuestras vidas. Algunas personas realmente luchan por saber si tienen un futuro o si su pasado se puede superar y pueden sentir que no están viviendo en su presente. El Futuro es el Futuro, no lo pongas en el Pasado o en el Presente. Aún así, se interrelacionan, de manera interdependiente para que el potencial de Totalidad del Tiempo mismo sea un sistema completo en nuestras vidas. Algunas personas realmente luchan por saber si tienen un futuro o si su pasado se puede superar y pueden sentir que no están viviendo en su presente.

Cada Elemento de un sistema abierto o cerrado afecta las funciones específicas y los Elementos asociados dentro de ese sentido humano. Hay más de 30 Totalidades con 3 Elementos por cada Totalidad que se identifica, y cada elemento está asociado con 2 sentidos humanos como se muestra con el Cerrado vs. AbiertoSistemas y Totalidades de Tiempo.

La estabilidad es disfuncional e indica un Sistema Cerrado. La estabilidad como en la firmeza o la resistencia al cambio es disfuncional en un Sistema Abierto. La estabilidad que indica inmutabilidad, uniformidad e invariabilidad indica un sistema cerrado. Todo lo que es progresivo en la vida se estanca cuando se aferra firmemente a su estado o condición original.

El Estado Lejos del Equilibrio (FELS) es parte de las fuerzas naturales que entran en juego para eliminar las limitaciones de la visión propia. El Estado Lejos del Equilibrio es el "tocar fondo" del que se habla con respecto a cualquier adicción, esto es por lo que todas las apariencias externas ya no pueden: Negar, Rechazar ni Reprimir la retroalimentación del entorno. Sobre la base de la transformación humana holográfica de la física cuántica, se explica como la implosión del sistema cerrado. Este es un estallido hacia adentro de todo el sistema, considerado una compresión violenta para colapsar hacia adentro como si fuera por las presiones hacia afuera. Esta es una ruptura del desmoronamiento desde adentro: toda la negación y los factores del sistema cerrado se convierten en el centro: la visión del mundo con toda su negación y las funciones del sistema cerrado se convierten en la visión propia y la visión propia se convierte en la visión del mundo. . Los sistemas cerrados implosionados ven todo el dolor y sufrimiento que ha infligido a otros a través de toda su negación, rechazo y represión. La visión del mundo como la visión de uno mismo, ahora se siente sin valor, sin esperanza e imperdonable. Todas las debilidades en la visión del mundo estaban tratando de convertirse en fortalezas y son las nuevas visiones del mundo de sí mismos en el mundo. Este FELS es una Totalidad y consta de tres Elementos separados: Estabilidad, Caos, Aleatoriedad (desorden completo). Los 3 elementos de esta fuerza natural están asociados sensorialmente como lo están todos los elementos. La estabilidad está asociada con el sentido del oído y la vista y sus funciones, metaprogramas y elementos: estabilidad en todo lo que escuchamos y vemos y, en nuestros valores, significado, ideas, razones, pensamientos y nuestro Pasado. Fijaos firmemente en estas cosas y en su estado o condición original.

Vista propianaturalmente simpatiza y se entrega a prácticas y creencias (para sí mismo) que son diferentes o están en conflicto con el Yo Verdadero.

El propósito de FELS es llevar la visión del mundo al estado de aleatoriedad o desorden completo, en este estado estalla el sistema cerrado. La autovisión se convierte en visión del mundo y finalmente percibimos el yo como la visión del mundo ha estado intentando hacernos ver. Esta es una función de Detox en el sistema humano para alguien adicto a las sustancias. Esta es la física detrás de su cambio en el comportamiento personal, muchos de sus patrones disfuncionales parecen desaparecer después de completar el proceso de desintoxicación.

La visión del mundo se vuelve bastante diferente y las limitaciones de su propia visión se eliminan temporalmente.

Hay numerosos ejemplos de la aplicación del principio de la física entre la visión del mundo de una persona y sus programas disfuncionales. Un sistema cerrado no solo admite voluntariamente que sus reacciones disfuncionales a las cosas son sus propios programas. Se achaca a algo oa alguien de su entorno; pueden asumir alguna culpa, pero justificadamente, y reprimir su propia falta.

La creación del estado Lejos del equilibrio para un sistema cerrado acelera la eliminación de las limitaciones de la vista propia. Esto significa que la Visión del Mundo debe dar al Sistema Cerrado Datos y Retroalimentación para llevar la Visión de Sí Mismo a un estado de Desorden completo. En este estado de completo desorden, el VerdaderoEl yo ya no puede ser negado.

La Teoría Holográfica de la Transformación Humana identifica los sentidos, sus funciones y cada Elemento y su función para guiarlo fácilmente a través de las áreas para enfocarse en los Elementos que se aplican. Este estado de completo desorden está asociado al sentido del gusto y del olfato y sus funciones, metaprogramas y elementos; Creencias sobre el carácter, los procesos, las estrategias, los comportamientos y su futuro. No todos los adictos son llevados fácilmente a este estado lejos del equilibrio. Aún así, existen muchos enfoques diferentes para ayudar a lograr esto a través de las diferentes Totalidades y sus Elementos. Hay muchas opciones de enfoque para diferentes sistemas cerrados, pero buscar un enfoque para crear esto para ellos en lugar de simplemente dejar que las fuerzas naturales lo provoquen puede ser mucho más seguro para todos los involucrados.

El Estado Lejos del Equilibrio colocado en la Teoría de la Transformación Humana Holográfica se correlaciona en los siguientes patrones para un Estado CerradoSistema:

1ºElemento: Estabilidad: Sonido y Vista, valores, significado, ideas, razones,Procesos mentales, Negar, (lo contrario de negar es admitir), Pasado.

2º Elemento: Caos: Tacto y Energía: relaciones, intuiciones, procesos emocionales, Rechazar (lo contrario de rechazar, es aceptar), Presente.

3er Elemento: Aleatoriedad: desorden completo, gusto y olfato, creencias sobre el carácter y los procesos, creencias sobre estrategias, procesos de comportamiento, Reprimir (lo opuesto de reprimir es expresar), Futuro.

Estos 3 Elementos del FELS (Lejos del Estado de Equilibrio) se pueden aplicar para crear el estado de completo desorden ("tocar fondo"). Si elige utilizar este enfoque, siempre asegúrese de tener opciones de ayuda cuando toquen fondo. Convertirse en un Sistema Abierto, uno mismo es esencial para ayudar a otro. Un sistema cerrado solo puede duplicarse a sí mismo y el adicto ya es un sistema cerrado con el que debe trabajar un sistema abierto para abrirse y superar su adicción.

Un Sistema Cerrado es un Sistema Adicto y solo puede duplicar otros Sistemas Adictos (Sistemas Cerrados).

Los límites de los Sistemas Cerrados no son flexibles o permeables, todo lo que el mundo está tratando de decirles es simplemente negado por el sistema cerrado o el sistema cerrado simplemente se niega a reconocer la retroalimentación en absoluto y finalmente reprime absolutamente la retroalimentación y ni siquiera lo tolera. los intentos del mundo de retroalimentarlo. Comentarios como: "Nunca me vuelvas a contactar", "Estoy harto de ti, déjame en paz". Incluso pueden simplemente desaparecer durante largos períodos de tiempo con cero o poco contacto con las personas que se preocupan.

Si eres un Sistema Cerrado y estás tratando de ayudar a un Sistema Cerrado que se ha vuelto adicto a las sustancias, no puedes ayudar. Un Sistema Cerrado solo puede duplicarse a sí mismo. Primero debe convertirse en un Sistema Abierto antes de poder ayudar a alguien con una adicción.

Leer y estudiar este libro, hacer las tareas y los ejercicios en forma repetitiva y aplicar todo lo que aprenda puede ayudarlo a convertirse en un Sistema Abierto.

EJERCICIO/TAREA PARA EL CAPÍTULO 4

Enhorabuena, ya te has enfrentado a uno de los más duros, el monstruo debajo de la cama, por así decirlo tú mismo. Sigue adelante y encontrarás la fuerza y la sabiduría ancestral de ese monstruo.

Encuentre un lugar y una hora en los que pueda estar solo durante al menos 30 minutos durante el día. Tenga un bolígrafo y haga una lista de al menos 7 de cada uno de los siguientes: deseos, metas, sueños y necesidades que pueda recordar. Retroceda en sus recuerdos hasta lo más joven que pueda recordar o imaginar, y hasta el momento en que cree que podría haberse convertido en el "Sistema cerrado" en el grado que obtuvo en la Evaluación del sistema cerrado en el Capítulo 2.

Haga una lista de siete deseos, metas, sueños y necesidades que pueden haber parecido o parecer "cuentos de hadas" o imposibles, incluso en ese momento. Deja volar tu imaginación, deja ir tus miedos y límites por un momento e imagina soñar tus sueños más grandes. El Señor dijo una vez, "cualquier cosa que puedan imaginar, pueden hacer". Entonces, imagina o finge imaginar tus sueños, deseos y metas más profundos.

Haga una lista de todos y cada uno de los deseos, metas, sueños y necesidades que pueda recordar, pequeños y grandes. Piense solo en términos de imaginar por ahora, alcanzable o aparentemente imposible. Haga una lista de estos para usted mismo, incluso si pueden estar relacionados con su logro para los demás. Asegúrese de adivinar o estimar el tiempo que los tuvo y anótelos también. El tiempo es un elemento importante en nuestras vidas y el tiempo es una parte tan importante del cambio como lo es la elección.

Enumere todo lo que pueda recordar o imaginar hasta el momento y/o el evento que cree que podría haber sido la "última gota" que lo puso en su estado actual de "Cerrado".

Comience esto por la mañana y dedique tiempo durante el día a reflexionar sobre ello. Cada vez que pienses en más, escríbelas. Haz este ejercicio, recordándolos y apuntándolos.

Pregunte al menos a otras 3 personas que lo conocieron en ese entonces sobre sus deseos, metas, sueños y necesidades que puedan recordar de usted o que se hayan imaginado de usted.

Túdebe enumerar al menos 7 de cada uno para completar esta tarea. Incluya junto al elemento que enumere la edad aproximada que tenía cuando tenía este elemento que enumeró.

DISFRUTA EL VIAJE

EVALUACIONES PARA HOLOGRÁFICOMODELOS HUMANOS

PREFERENCIA DE PERSONALIDAD SENSORIAL

Las siguientes listas son diferentes aspectos del "yo" categorizados en los diferentes perfiles de personalidad. A partir de la determinación de su perfil de personalidad, puede ver en la siguiente lista las diferentes partes de usted mismo en los diferentes programas sensoriales en su orden de activación sensorial.

Esto puede requerir un poco de repetición de estudio y luego puede ser muy útil con respecto a los diversos aspectos y sus áreas sensoriales donde puede obtener ideas para ayudarse a sí mismo a superar.

(Los puntos de referencia son siempre de los mismos Elementos y otros Meta principales. Los puntos de Referencia, Decisión y Motivación son 1 de cada uno de los otros 4 sentidos).

Visión: Referencia

LISTA CONCEPTUAL

Basado en lo que se ve a través de este sentido. Pregunta principal; Por qué;(Razones, Ideas, Conceptos) Meta Mayor: Eliminar (diferencia).

Elementos: Mental: (Conciencia humana), Pasado: (Tiempo), Datos: (Sabiduría), Actuar: (Elección), Dirección: (Cambio), Individual: (Visión del mundo), Real: (Memoria), Identidad: (Humano Función), Estructura: (Naturaleza), Incorrecto: (Cuántico), Intención: (Mensaje), Recepción: (Secuencia de procesamiento de datos), Denegar: (Sistema cerrado), Admitir: (Sistema abierto), Eliminar: (Transformación).

Oler: Decisión

Basado en lo que se huele a través de este sentido. Pregunta principal; Donde. (Estrategias) Major Meta: Generalizar (similitud).

Elementos: Físico: (Conciencia humana), Futuro: (Tiempo), Conocimiento: (Sabiduría), Dejar que otros actúen: (Elección), Modelado: (Cambio), Sociedad: (Visión del mundo), Genético: (Memoria), Creación: (Función humana), Procesos: (Naturaleza), Muerte: (Cuántico), Contexto: (Mensaje), Transmitir: (Secuencia de procesamiento de datos), Reprimir: (Sistema cerrado), Expresar: (Sistema abierto),Permutación: (Transformación).

Energía:　　　　motivador

Basado en qué acciones en el entorno y dentro de ti, también intuiciones que tienes. Pregunta principal; Cual. (Acción, Intuición) MayorMeta: distorsionar (disminuir),

Elementos: Emociones: (Conciencia Humana), Presente: (Tiempo), Información: (Sabiduría), No Acción: (Elección), Pregunta: (Cambio), Familia: (Visión del Mundo), Vicario: (Memoria), Comunicación: (Humano función), patrones: (naturaleza), yo: (cuántico), contenido: (mensaje), almacenamiento: (secuencia de procesamiento de datos), rechazo: (sistema cerrado), aceptación: (sistema abierto), inserción: (transformación).

Sonar:　　　　Referencia:

Basado en cualquier cosa que se escuche a través de este sentido, ya sea ambiental o interno, como pensamientos: Pregunta principal; Qué; (Valores, Ética, Significado) Major Meta: Borrar (igualdad).

Elementos:Mental: (Conciencia humana), Pasado: (Tiempo), Datos: (Sabiduría), Actuar: (Elección), Dirección: (Cambio), Individual: (Visión del mundo), Real: (Memoria), Identidad: (Función humana) , Estructura: (Naturaleza), Derecha: (Cuántico), Intención: (Mensaje), Recepción: (Secuencia de procesamiento de datos), Denegar: (Sistema Cerrado), Admitir: (Sistema Abierto), Borrar: (Transformación).

Toque:　　　　Decisión

Basado en cualquier cosa sentida a través de este sentido: Pregunta Primaria; Quién; (Relaciones, la forma en que las cosas se relacionan entre sí), Major Meta: Distorsionar (Amplificación).

Elementos: Emociones: (Conciencia humana), Presente: (Tiempo), Información: (Sabiduría), Sin acción: (Elección), Pregunta: (Cambio), Familia: (Cosmovisión), Vicario: (Memoria), Comunicación: (Humano Función), Patrones: (Naturaleza), Dios: (Cuántico), Contenido: (Mensaje),

Almacenamiento: (Secuencia de procesamiento de datos), Rechazo: (Sistema cerrado), Aceptar: (Sistema abierto), Insertar: (Transformación).

Gusto: Motivador

Basado en cualquier cosa experimentada por este sentido: Pregunta Primaria; Cómo; (Creencia sobre el carácter, identificación del carácter), Major Meta: Generalize(diferencia).

Elementos: Físico: (Conciencia humana), Futuro: (Tiempo), Conocimiento: (Sabiduría), Dejar que otros actúen: (Elección), Modelado: (Cambio), Sociedad: (Visión del mundo), Genético: (Memoria), Creación: (Función humana), Procesos: (Naturaleza), Vida: (Cuántico), Contexto: (Mensaje), Transmitir: (Secuencia de procesamiento de datos), Reprimir: (Sistema cerrado), Expresar: (Sistema abierto), Permutación:(Transformación).

IDEALISTA

Sonido: Referencia

Basado en cualquier cosa que se escuche a través de este sentido, ya sea ambiental o interno, como pensamientos: la pregunta principal es qué. (Valores, Ética, Significado) Major Meta: Borrar (igualdad).

Elementos:Mental: (Conciencia humana), Pasado: (Tiempo), Datos: (Sabiduría), Actuar: (Elección), Dirección: (Cambio), Individual: (Visión del mundo), Real: (Memoria), Identidad: (Función humana) , Estructura: (Naturaleza), Derecha: (Cuántico), Intención: (Mensaje), Recepción: (Secuencia de procesamiento de datos), Denegar: (Sistema Cerrado), Admitir: (Sistema Abierto), Borrar: (Transformación).

Toque: Decisión

Basado en cualquier cosa que se sienta a través de este sentido: la pregunta principal es quién (relaciones, la forma en que las cosas se relacionan entre sí), Major Meta: Distorsionar(Amplificación).

Elementos: Emociones: (Conciencia Humana), Presente: (Tiempo), Información: (Sabiduría), No Acción: (Elección), Pregunta: (Cambio), Familia: (Visión del Mundo), Vicario: (Memoria), Comunicación: (Humano Función), Patrones: (Naturaleza), Dios: (Cuántico), Contenido: (Mensaje), Almacenamiento: (Secuencia de procesamiento de datos), Rechazo: (Sistema cerrado), Aceptar: (Sistema abierto), Insertar: (Transformación).

Gusto: Motivador

Basado en cualquier cosa experimentada por este sentido: la pregunta principal es cómo. (Creencia sobre el carácter, identificación del carácter), Meta mayor: Generalizar (diferencia).

Elementos: Físico: (Conciencia humana), Futuro: (Tiempo), Conocimiento: (Sabiduría), Dejar que otros actúen: (Elección), Modelado: (Cambio), Sociedad: (Visión del mundo), Genético: (Memoria), Creación: (Función humana), Procesos: (Naturaleza), Vida: (Cuántico), Contexto: (Mensaje), Transmisión: (Procesamiento de datos secuencia),Represión: (Sistema Cerrado), Expreso: (Sistema Abierto), Permutación: (Transformación).

Visión: Referencia

Basado en lo que se ve a través de este sentido. La pregunta principal es por qué, (razones, ideas, conceptos) Meta principal: Eliminar (diferencia).

Elementos:Mental: (Conciencia humana), Pasado: (Tiempo), Datos: (Sabiduría), Actuar: (Elección), Dirección: (Cambio), Individual: (Visión del mundo), Real: (Memoria), Identidad: (Función humana) , Estructura: (Naturaleza), Incorrecto: (Cuántico), Intención: (Mensaje), Recepción: (Secuencia de procesamiento de datos), Denegar: (Sistema cerrado), Admitir: (Sistema abierto), Borrar: (Transformación).

Oler: Decisión

Basado en lo que se huele a través de este sentido. La pregunta principal es dónde. (Estrategias) Major Meta: Generalizar (similitud).

Elementos: Físico: (Conciencia humana), Futuro: (Tiempo), Conocimiento: (Sabiduría), Dejar que otros actúen: (Elección), Modelado: (Cambio), Sociedad: (Visión del mundo), Genético: (Memoria), Creación: (Función humana), Procesos: (Naturaleza), Muerte: (Cuántico), Contexto: (Mensaje), Transmitir: (Secuencia de procesamiento de datos), Reprimir: (Sistema cerrado), Expresar: (Sistema abierto), Permutación: (Transformación)

Energía: motivador

Basado en qué acciones en el entorno y dentro de ti, también intuiciones que tienes. La pregunta principal es cuál. (Acción, Intuición) Major Meta: Distorsionar (disminuir).

Elementos: Emociones: (Conciencia Humana), Presente: (Tiempo), Información: (Sabiduría), No Acción: (Elección), Pregunta: (Cambio), Familia: (Visión del Mundo), Vicario: (Memoria), Comunicación: (Humano función), patrones: (naturaleza), yo: (cuántico), contenido: (mensaje), almacenamiento: (datos secuencia de procesamiento), Rechazar: (Sistema Cerrado), Aceptar: (Sistema Abierto), Insertar: (Transformación).

RELACIONALISTA

Tocar: Referencia
Basado en cualquier cosa que se sienta a través de este sentido: la pregunta principal es quién (relaciones, la forma en que las cosas se relacionan entre sí), Major Meta: Distorsionar(Amplificación).

Elementos: Emociones: (Conciencia Humana), Presente: (Tiempo), Información: (Sabiduría), No Acción: (Elección), Pregunta: (Cambio), Familia: (Visión del Mundo), Vicario: (Memoria), Comunicación: (Humano Función), Patrones: (Naturaleza), Dios: (Cuántico), Contenido: (Mensaje), Almacenamiento: (Secuencia de procesamiento de datos), Rechazo: (Sistema cerrado), Aceptar: (Sistema abierto), Insertar: (Transformación).

Gusto: Decisión

Basado en cualquier cosa experimentada por este sentido: la pregunta principal es cómo. (Creencia sobre el carácter, identificación del carácter), Meta mayor: Generalizar (diferencia).

Elementos: Físico: (Conciencia humana), Futuro: (Tiempo), Conocimiento: (Sabiduría), Dejar que otros actúen: (Elección), Modelado: (Cambio), Sociedad: (Visión del mundo), Genético: (Memoria), Creación: (Función humana), Procesos: (Naturaleza), Vida: (Cuántico), Contexto: (Mensaje), Transmitir: (Secuencia de procesamiento de datos), Reprimir: (Sistema cerrado), Expresar: (Sistema abierto), Permutación:(Transformación)

Sonido: Motivador

Basado en cualquier cosa que se escuche a través de este sentido, ya sea ambiental o interno, como pensamientos: la pregunta principal es qué. (Valores, Ética, Significado) Major Meta: Borrar (igualdad).

Elementos:Mental: (Conciencia humana), Pasado: (Tiempo), Datos: (Sabiduría), Actuar: (Elección), Dirección: (Cambio), Individual: (Visión del mundo), Real: (Memoria), Identidad: (Función humana) , Estructura: (Naturaleza), Derecha: (Cuántico), Intención: (Mensaje), Recepción: (Secuencia de procesamiento de datos), Denegar: (Sistema Cerrado), Admitir: (Sistema Abierto), Borrar: (Transformación).

Energía: Referencia

Basado en qué acciones en el entorno y dentro de ti, también intuiciones que tienes. La pregunta principal es cuál. (Acción, Intuición) Major Meta: Distorsionar (Disminuir).

Elementos: Emociones: (Conciencia Humana), Presente: (Tiempo), Información: (Sabiduría), No Acción: (Elección), Pregunta: (Cambio), Familia: (Visión del Mundo), Vicario: (Memoria), Comunicación: (Humano función), patrones: (naturaleza), yo: (cuántico), contenido:

(mensaje), almacenamiento: (secuencia de procesamiento de datos), rechazo: (sistema cerrado), aceptación: (sistema abierto), inserción: (transformación).

Visión: Referencia

Basado en lo que se ve a través de este sentido. La pregunta principal es por qué, (razones, ideas, conceptos) Meta principal: Eliminar (diferencia).

Elementos:Mental: (Conciencia humana), Pasado: (Tiempo), Datos: (Sabiduría), Actuar: (Elección), Dirección: (Cambio), Individual: (Visión del mundo), Real: (Memoria), Identidad: (Función humana) , Estructura: (Naturaleza), Incorrecto: (Cuántico), Intención: (Mensaje), Recepción: (Secuencia de procesamiento de datos), Denegar: (Sistema cerrado), Admitir: (Sistema abierto), Borrar: (Transformación).

Oler: motivador

Basado en lo que se huele a través de este sentido. La pregunta principal es dónde. (Estrategias) Major Meta: Generalizar (similitud).

Elementos: Físico: (Conciencia Humana), Futuro: (Tiempo), Conocimiento: (Sabiduría), Dejar que otros actúen: (Elección), Modelado: (Cambio), Sociedad:

(cosmovisión),Genético: (Memoria), Creación: (Función humana), Procesos: (Naturaleza), Muerte: (Cuántico), Contexto: (Mensaje), Transmitir: (Secuencia de procesamiento de datos), Reprimir: (Sistema cerrado), Expresar: (Abierto) Sistema),Permutación: (Transformación).

ACCIONISTA

Energía: Referencia

Basado en qué acciones en el entorno y dentro de ti, también intuiciones que tienes. La pregunta principal es cuál. (Acción, Intuición) Major Meta: Distorsionar (disminuir).

Elementos: Emociones: (Conciencia Humana), Presente: (Tiempo), Información: (Sabiduría), No Acción: (Elección), Pregunta: (Cambio), Familia: (Visión del Mundo), Vicario: (Memoria), Comunicación: (Humano función), patrones: (naturaleza), yo: (cuántico), contenido: (mensaje), almacenamiento: (secuencia de procesamiento de datos), rechazo: (sistema cerrado), aceptación: (sistema abierto), inserción: (transformación).

Vista: Decisión

Basado en lo que se ve a través de este sentido. La pregunta principal es por qué, (razones, ideas, conceptos) Meta principal: Eliminar (diferencia).

Elementos:Mental: (Conciencia humana), Pasado: (Tiempo), Datos: (Sabiduría), Actuar: (Elección), Dirección: (Cambio), Individual: (Visión del mundo), Real: (Memoria), Identidad: (Función humana) , Estructura: (Naturaleza), Incorrecto: (Cuántico), Intención: (Mensaje), Recepción: (Secuencia de procesamiento de datos), Denegar: (Sistema cerrado), Admitir: (Sistema abierto), Borrar: (Transformación).

Olor: Motivador

Basado en lo que se huele a través de este sentido. La pregunta principal es dónde. (Estrategias) Major Meta: Generalizar (similitud).

Elementos: Físico: (Conciencia humana), Futuro: (Tiempo), Conocimiento: (Sabiduría), Dejar que otros actúen: (Elección), Modelado: (Cambio), Sociedad: (Visión del mundo), Genético: (Memoria), Creación: (Función humana), Procesos: (Naturaleza), Muerte: (Cuántico), Contexto: (Mensaje), Transmitir: (Secuencia de procesamiento de datos), Reprimir: (Sistema cerrado), Expresar: (Sistema abierto),Permutación: (Transformación).

Toque: Referencia

Basado en cualquier cosa que se sienta a través de este sentido: la pregunta principal es quién (relaciones, la forma en que las cosas se relacionan entre sí), Major Meta: Distorsionar(Amplificación).

Elementos: Emociones: (Conciencia Humana), Presente: (Tiempo), Información: (Sabiduría), No Acción: (Elección), Pregunta: (Cambio), Familia: (Visión del Mundo), Vicario: (Memoria), Comunicación: (Humano Función), Patrones: (Naturaleza), Dios: (Cuántico), Contenido: (Mensaje), Almacenamiento: (Secuencia de procesamiento de datos), Rechazo: (Sistema cerrado), Aceptar: (Sistema abierto), Insertar: (Transformación).

Gusto: Decisión

Basado en cualquier cosa experimentada por este sentido: la pregunta principal es cómo. (Creencia sobre el carácter, identificación del carácter), Meta mayor: Generalizar (diferencia).

Elementos: Físico: (Conciencia humana), Futuro: (Tiempo), Conocimiento: (Sabiduría), Dejar que otros actúen: (Elección), Modelado: (Cambio), Sociedad: (Visión del mundo), Genético: (Memoria), Creación: (Función humana), Procesos: (Naturaleza), Vida: (Cuántico), Contexto: (Mensaje), Transmitir: (Secuencia de procesamiento de datos), Reprimir: (Sistema cerrado), Expresar: (Sistema abierto), Permutación:(Transformación).

Sonido: Motivador

Basado en cualquier cosa que se escuche a través de este sentido, ya sea ambiental o interno, como pensamientos: la pregunta principal es qué. (Valores, Ética, Significado) Major Meta: Borrar (igualdad).

Elementos:Mental: (Conciencia humana), Pasado: (Tiempo), Datos: (Sabiduría), Actuar: (Elección), Dirección: (Cambio), Individual: (Visión del mundo), Real: (Memoria), Identidad: (Función humana) , Estructura: (Naturaleza), Derecha: (Cuántico), Intención: (Mensaje), Recepción: (Secuencia de procesamiento de datos), Denegar: (Sistema Cerrado), Admitir: (Sistema Abierto), Borrar: (Transformación).

ESTRATEGA

Oler:	Referencia

Basado en lo que se huele a través de este sentido. La pregunta principal es dónde. (Estrategias) Major Meta: Generalizar (similitud).

Elementos: Físico: (Conciencia humana), Futuro: (Tiempo), Conocimiento: (Sabiduría), Dejar que otros actúen: (Elección), Modelado: (Cambio), Sociedad: (Visión del mundo), Genético: (Memoria), Creación: (Función humana), Procesos: (Naturaleza), Muerte: (Cuántico), Contexto: (Mensaje), Transmitir: (Secuencia de procesamiento de datos), Reprimir: (Sistema cerrado), Expresar: (Sistema abierto),Permutación: (Transformación)

Energía:	Decisión

Basado en qué acciones en el entorno y dentro de ti, también intuiciones que tienes. La pregunta principal es cuál. (Acción, Intuición) Major Meta: Distorsionar (disminuir).

Elementos: Emociones: (Conciencia Humana), Presente: (Tiempo), Información: (Sabiduría), No Acción: (Elección), Pregunta: (Cambio), Familia: (Visión del Mundo), Vicario: (Memoria), Comunicación: (Humano función), patrones: (naturaleza), yo: (cuántico), contenido: (mensaje), almacenamiento: (datos

secuencia de procesamiento), Rechazar: (Sistema Cerrado), Aceptar: (Sistema Abierto),Insertar: (Transformación).

Visión:	motivador

Basado en lo que se ve a través de este sentido. La pregunta principal es por qué, (razones, ideas, conceptos) Meta principal: Eliminar (diferencia).

Elementos:Mental: (Conciencia humana), Pasado: (Tiempo), Datos: (Sabiduría), Actuar: (Elección), Dirección: (Cambio), Individual: (Visión del mundo), Real: (Memoria), Identidad: (Función humana) , Estructura:

(Naturaleza), Incorrecto: (Cuántico), Intención: (Mensaje), Recepción: (Secuencia de procesamiento de datos), Denegar: (Sistema cerrado), Admitir: (Sistema abierto), Borrar: (Transformación).

Gusto: Referencia

Basado en cualquier cosa experimentada por este sentido: la pregunta principal es cómo. (Creencia sobre el carácter, identificación del carácter), Meta mayor: Generalizar (diferencia).

Elementos: Físico: (Conciencia humana), Futuro: (Tiempo), Conocimiento: (Sabiduría), Dejar que otros actúen: (Elección), Modelado: (Cambio), Sociedad: (Visión del mundo), Genético: (Memoria), Creación: (Función humana), Procesos: (Naturaleza), Vida: (Cuántico), Contexto: (Mensaje), Transmitir: (Secuencia de procesamiento de datos), Reprimir: (Sistema cerrado), Expresar: (Sistema abierto), Permutación:(Transformación)

Sonar: Decisión

Basado en cualquier cosa que se escuche a través de este sentido, ya sea ambiental o interno, como pensamientos: la pregunta principal es qué. (Valores, Ética, Significado) Major Meta: Borrar (igualdad).

Elementos:Mental: (Conciencia humana), Pasado: (Tiempo), Datos: (Sabiduría), Actuar: (Elección), Dirección: (Cambio), Individual: (Visión del mundo), Real: (Memoria), Identidad: (Función humana) , Estructura: (Naturaleza), Derecha:

(Cuántico), Intención: (Mensaje), Recepción: (Secuencia de procesamiento de datos), Denegar: (Sistema Cerrado), Admitir: (Sistema Abierto), Borrar: (Transformación).

Toque: Motivador

Basado en cualquier cosa que se sienta a través de este sentido: la pregunta principal es quién (relaciones, la forma en que las cosas se relacionan entre sí), Major Meta: Distorsionar(Amplificación).

Elementos: Emociones: (Conciencia Humana), Presente: (Tiempo), Información: (Sabiduría), No Acción: (Elección), Pregunta: (Cambio), Familia: (Visión del Mundo), Vicario: (Memoria), Comunicación: (Humano Función), Patrones: (Naturaleza), Dios: (Cuántico), Contenido: (Mensaje), Almacenamiento: (Secuencia de procesamiento de datos), Rechazo: (Sistema cerrado), Aceptar: (Sistema abierto), Insertar: (Transformación).

FUNCIONISTA

Gusto: Referencia

Basado en cualquier cosa experimentada por este sentido: la pregunta principal es cómo. (Creencia sobre el carácter, identificación del carácter), Meta mayor: Generalizar (diferencia).

Elementos: Físico: (Conciencia humana), Futuro: (Tiempo), Conocimiento: (Sabiduría), Dejar que otros actúen: (Elección), Modelado: (Cambio), Sociedad: (Visión del mundo), Genético: (Memoria), Creación: (Función humana), Procesos: (Naturaleza), Vida: (Cuántico), Contexto: (Mensaje), Transmitir: (Secuencia de procesamiento de datos), Reprimir: (Sistema cerrado), Expresar: (Sistema abierto), Permutación:(Transformación).

Buena   decisión

Basado en cualquier cosa que se escuche a través de este sentido, ya sea ambiental o interno, como pensamientos: la pregunta principal es qué. (Valores, Ética, Significado) Major Meta: Borrar (igualdad).

Elementos:Mental: (Conciencia humana), Pasado: (Tiempo), Datos: (Sabiduría), Actuar: (Elección), Dirección: (Cambio), Individual: (Visión del mundo), Real: (Memoria), Identidad: (Función humana) , Estructura: (Naturaleza), Derecha: (Cuántico), Intención: (Mensaje), Recepción: (Secuencia de procesamiento de datos), Denegar: (Sistema Cerrado), Admitir: (Sistema Abierto). Eliminar: (Transformación).

Tocar: motivador

Basado en cualquier cosa que se sienta a través de este sentido: la pregunta principal es quién (relaciones, la forma en que las cosas se relacionan entre sí), Major Meta: Distorsionar(Amplificación),

Elementos: Emociones: (Conciencia Humana), Presente: (Tiempo), Información: (Sabiduría), No Acción: (Elección), Pregunta: (Cambio), Familia: (Visión del Mundo), Vicario: (Memoria), Comunicación: (Humano Función), Patrones: (Naturaleza), Dios: (Cuántico), Contenido: (Mensaje), Almacenamiento: (Secuencia de procesamiento de datos), Rechazo: (Sistema cerrado), Aceptar: (Sistema abierto), Insertar: (Transformación).

Oler: Referencia

Basado en lo que se huele a través de este sentido. La pregunta principal es dónde. (Estrategias) Meta principal: Generalizar (similitud),

Elementos: Físico: (Conciencia humana), Futuro: (Tiempo), Conocimiento: (Sabiduría), Dejar que otros actúen: (Elección), Modelado: (Cambio), Sociedad: (Visión del mundo), Genético: (Memoria), Creación: (Función humana), Procesos: (Naturaleza), Muerte: (Cuántico), Contexto: (Mensaje), Transmitir: (Secuencia de procesamiento de datos), Reprimir: (Sistema cerrado), Expresar: (Sistema abierto),Permutación: (Transformación).

Energía: Decisión

Basado en qué acciones en el entorno y dentro de ti, también intuiciones que tienes. La pregunta principal es cuál. (Acción, Intuición) Major Meta: Distorsionar (disminuir).

Elementos: Emociones: (Conciencia Humana), Presente: (Tiempo), Información: (Sabiduría), No Acción: (Elección), Pregunta: (Cambio), Familia: (Visión del Mundo), Vicario: (Memoria), Comunicación: (Humano función), patrones: (naturaleza), yo: (cuántico), contenido:

(mensaje), almacenamiento: (secuencia de procesamiento de datos), rechazo: (sistema cerrado), aceptación: (sistema abierto), inserción: (transformación).

Vista: Motivador

Basado en lo que se ve a través de este sentido. La pregunta principal es por qué, (razones, ideas, conceptos) Meta principal: Eliminar (diferencia).

Elementos:Mental: (Conciencia humana), Pasado: (Tiempo), Datos: (Sabiduría), Actuar: (Elección), Dirección: (Cambio), Individual: (Visión del mundo), Real: (Memoria), Identidad: (Función humana), Estructura: (Naturaleza), Incorrecto: (Cuántico), Intención: (Mensaje), Recepción: (Secuencia de procesamiento de datos), Denegar: (Sistema cerrado), Admitir: (Sistema abierto), Borrar: (Transformación).

LISTE AL MENOS 7 DE CADA UNO (ver pág. 99-100)

META   SUEÑO   DESEO   NECESITAR

Capítulo 5

LA CAUSA DE LOS SISTEMAS CERRADOS

La causa de los sistemas cerrados

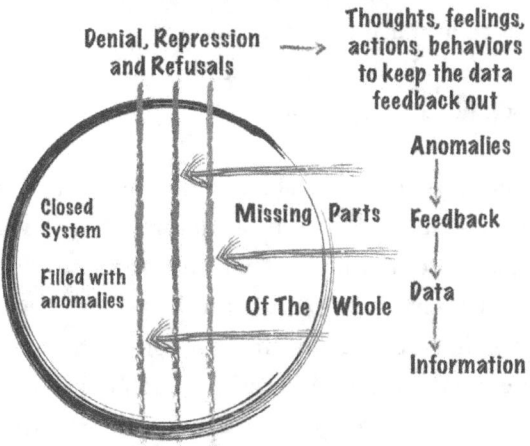

The "Identity" actually burst and the Closed System's "Identity" becomes the very thoughts, feelings, behaviors, perceptions (whole identity) becomes the very boundaries and limits which keeps the anomalies out to keep the System Closed.

Los sistemas combinados del ser humano cuando están en completa armonía entre sí pueden ser un sistema abierto. Los sistemas abiertos son sistemas que toman retroalimentación, datos, de su entorno y entorno y los procesan. Los seres humanos, al igual que otras formas de vida, los captan a través de sus sentidos y tienen diferentes órganos para captar esta información.

Los seres humanos son sistemas abiertos cuando funcionan correctamente. Por el contrario, los humanos pueden ser Sistemas Cerrados. Los sistemas cerrados no permiten que entre nueva información, datos y retroalimentación. Los sistemas cerrados no tienen límites permeables y flexibles. Los sistemas cerrados son sistemas adictivos.

Los seres humanos son sistemas abiertos y, por naturaleza, reciben retroalimentación y tienen límites permeables y flexibles. Los límites de los sistemas abiertos permiten que todos los datos y comentarios entren en el sistema, como una esponja y luego procesan los datos y los comentarios y sus límites pueden ajustarse en función del nuevo aprendizaje y el crecimiento constante. Este es un aspecto natural de este proceso, esto es sabiduría, conocimiento, progresión.

Los sistemas cerrados no están abiertos a nuevos comentarios, datos o información. El éxito se logra en la Naturaleza a través de la Auto-Organización. Así es como funciona el Sistema Abierto. Esta es la forma en que los sistemas vivos completos funcionan y crecen, simplemente cambiando naturalmente con uno mismo como un todo basado en el medio ambiente y todo lo que entra en él. Cuando un Sistema se vuelve Cerrado, el Sistema como un Todo entra en declive y las fuerzas naturales entran en juego. Su único objetivo es eliminar o levantar las restricciones que mantienen cerrado el Sistema. La capacidad del sistema para autoorganizarse en su entorno ya no puede funcionar debido al hecho de que ya no puede recibir información del entorno.

Estas fuerzas naturales son del mismo grado o medida de la incapacidad del sistema para permitir la entrada de datos y retroalimentación. Su único propósito es lograr que el sistema se abra nuevamente a su entorno para que el sistema pueda volverse Abierto y Completo y continuar ajustándose y crecer dentro de su entorno. Esto es tan sencillo de entender, por un lado; por supuesto, un ser humano debe continuar ajustándose y creciendo dentro de su entorno. De lo contrario, ¿qué le sucede?

La estabilidad se vuelve disfuncional. Un Sistema Cerrado solo puede duplicarse a sí mismo. Repitiendo lo mismo, de la misma manera, todos los días, cada decisión, cada creencia. Nunca permitir que nuevos datos o comentarios ingresen al sistema. Algo así como un enfoque de "a mi manera o la carretera". No solo las creencias no cambian en un Sistema Cerrado, sino que los pensamientos y las respuestas emocionales siguen siendo las mismas, una y otra vez, una y otra vez, aumentando en intensidad. Esto es Adicción.

Los adictos son anomalías de un Sistema Cerrado. No conozco a nadie que sea un Sistema Abierto completo. Pocas personas siquiera entienden lo que significa ser un Sistema Abierto. Desarrollaré esto en el Capítulo 6 para ayudarlo a obtener una mayor comprensión de un Sistema Abierto.

Las personas adictas son "otro-referente", personas no "autorreferentes". Ya que mucho de ellos mismos ha sido desechado por estar Cerrados, queda poco de ellos a lo que hacer referencia. Sin la retroalimentación y la seguridad de los demás, tienen muy poco en lo que confiar. Los Sistemas Cerrados están hechos de negación, rechazo y represión. En los Sistemas Cerrados, la Identidad de una base individual, familiar o social ha estallado. Estáen ningún sentido (inocencia).

Las anomalías son indicadores de un ciclo de Entropía. La entropía se considera una medida de la energía no disponible en un Sistema Cerrado que también se suele considerar como la medida del desorden de los sistemas. Esta es la propiedad del estado de los sistemas y variará directamente con cualquier cambio reversible dentro del sistema, al grado de desorden o incertidumbre de un sistema. Sí, la cosmovisión, los dolores y sufrimientos, los problemas de nuestra vida son fuerzas naturales que entran en juego directamente relacionadas con cualquier cambio reversible del que seamos capaces.

La función de la entropía es el estado último de uniformidad inerte; una falta de poder para moverse. Deficiente en propiedades activas por falta de acciones habituales o previstas. En pocas palabras, la entropía (energía no disponible) no está calificada. La entropía libera su energía disponible en un esfuerzo por evitar el cambio debido a que no está capacitada para cambiarse a sí misma. tenemos que reconocer

nuestras propias debilidades y ver las fortalezas dentro de nosotros para desarrollar nuestro propio crecimiento y obtener nuestra propia mayor comprensión.

"Es imposible que un hombre se salve en la ignorancia." DyC: 131:6

Esto es resultado de un Sistema Cerrado, no Abierto al cambio, hasta el punto de negar, rechazar y reprimir cualquier dato nuevo de su entorno.

Ser adicto reniega del espíritu. El espíritu reside en el espacio entre las sinapsis del sistema nervioso central y rodea cada átomo de nuestro ser. Es en estos espacios de nuestro sistema nervioso central donde nuestros átomos se corresponden entre sí para mantenernos completos. El enfoque del individuo está en sus fronteras limitantes y en las barreras que le impiden ser un sistema abierto. Cada vez se hacen más esfuerzos para mantener la información nueva, los datos y la retroalimentación fuera del alcance del individuo, la familia y la sociedad. El adicto ya no es un individuo; son las fronteras y los límites de la Adicción misma. Los mismos comportamientos, emociones y pensamientos que sustentan los patrones de adicción se convierten en la Identidad de la persona. Su Identidad parece desesperada, deprimida, enojada, inútil, mintiendo, robando, cualquier y todos los pensamientos, las emociones y los comportamientos que sustentan los patrones adictivos se convierten en la identidad del individuo. Harán declaraciones con respecto a su Identidad sobre estos límites y límites que respaldan su adicción. Declaraciones como: "Estoy desesperanzado", "Estoy deprimido", "Estoy enojado", "Estoy triste". Las declaraciones I am son declaraciones de nivel de identidad. Escuche estas declaraciones de "Yo soy", "Yo soy" y podrá identificar las creencias centrales. También puede simplemente cambiar estas declaraciones "Yo soy", "Yo soy". También puede crear sus propias declaraciones "Yo soy", "Yo soy" y crear repetidamente una nueva Identidad (creencias fundamentales). Ejemplos: "Estoy trabajando en ser útil", "Busco alegría". busco perdonar "Estoy deprimido", "Estoy enojado", "Estoy triste". Las declaraciones I am son declaraciones de nivel de identidad. Escuche estas declaraciones de "Yo soy", "Yo soy" y podrá identificar las creencias centrales. También puede simplemente cambiar estas declaraciones "Yo soy", "Yo soy". También puede crear sus propias declaraciones "Yo soy", "Yo soy" y crear repetidamente una nueva Identidad (creencias fundamentales). Ejemplos: "Estoy trabajando en ser útil", "Busco alegría". busco perdonar "Estoy deprimido", "Estoy enojado", "Estoy triste". Las declaraciones I am son declaraciones de nivel de identidad. Escuche estas declaraciones de "Yo soy", "Yo soy" y podrá identificar las creencias centrales. También puede simplemente cambiar estas declaraciones "Yo soy", "Yo soy". También puede crear sus propias declaraciones "Yo soy", "Yo soy" y crear repetidamente una nueva Identidad (creencias fundamentales). Ejemplos: "Estoy trabajando en ser útil", "Busco alegría". busco perdonary ser perdonado."

Parasuperar la adicción el individuo, la familia y la sociedad primero deben experimentar los estados alejados del equilibrio; aleatoriedad, completo desorden. Esta es la forma en que la Naturaleza vuelve a traer el Sistema completo y abre el Sistema Cerrado.

Las investigaciones indican que las personas se vuelven adictas de diversas maneras para poder escapar de las emociones, experiencias, entornos y situaciones negativas.

otras realidades para uno mismo. Los comportamientos adictivos se producen cuando los elementos de los que el individuo intenta escapar son ineludibles. Esto debe ser tratado y no puede evitarse. Lo ineludible se refiere al Yo Verdadero y sus creencias. La adicción no surge en base a las "otras referencias". La adicción es el resultado de que el adicto no sea "auto-referenciado" y culpe a los demás. Puedes correr pero no puedes esconderte de ti mismo.

Las anomalías son información que va en contra de los comunes (creencias, normas). Estas anomalías en realidad están integradas en el sistema desde el principio. Las anomalías se desvían de las reglas y pautas volviéndose contrarias a todo el propósito del éxito y otros modelos creados. Se vuelven tan grandes que invaden y combaten los propósitos por los que comenzaron. Son fragilidades y simpatías del sistema desde el principio, aspectos del verdadero yo que aún necesitan desarrollarse y crecer. Los problemas que van en contra del logro de la meta están dentro del propio sistema. Se trata del potencial dentro del sistema para ayudar al sistema a crecer.

Las anomalías son inconsistentes o se desvían de lo que es habitual, normal o esperado. Una anomalía es "incierta de naturaleza o clasificación" y se desvía de la norma.

Unel individuo con varios talentos, dones y habilidades a menudo es propenso a intentar evitar sus propias habilidades naturales. Desanimarse, abrumarse y tener otras percepciones negativas de su vida y de sí mismos, por lo que recurren a las adicciones como un medio para evitar lidiar con estas falsas creencias sobre sí mismos.

Paraser un Sistema Cerrado, debemos negar, rechazar o reprimir los Datos e Información disponibles y que nos llegan desde nuestro entorno. como unindividuo o un sistema completo, como una familia o una sociedad.

Negación: Negarse a admitir la verdad, negación de la lógica, un mecanismo de defensa psicológica en el que los problemas o la realidad, muchas veces incluso se niegan a mirar los Datos o la Información. Determinar que una alegación es falsa se convierte en una negación en lógica. La negación se convierte en un mecanismo de defensa Psicológica en el que se evita el enfrentamiento con un problema personal o con la Realidad.

al negar la existencia del problema o la realidad. Lo contrario de negar es admitir.

Denegación: Rechazo de una propuesta. Rechazo, desaprobación, negarse a aceptar indicaciones internas y mucho menos comentarios externos. El acto de rechazar, rechazar, desaprobar y simplemente darse por vencido. Lo opuesto a Rechazar es Aceptación.

Represión: Contramedida, contra, rebelión. Restricción, supresión, pacificación. La acción o procesos de reprimir: el estado de ser reprimido. Un proceso por el cual los pensamientos, recuerdos o impulsos angustiosos que pueden generar ansiedad se excluyen de la conciencia y se dejan operar en el subconsciente. Sofocar o impedir el desarrollo natural. Esta es la estructura, patrones y procesos de un sistema cerrado, Adicción.

Ser inocente se ha vuelto inaceptable: la ingenuidad ahora se considera estúpida y poco inteligente.

Los sistemas cerrados son sistemas adictivos, ya sean individuales, familiares o sociales. Como sistemas adictos, sus problemas y crisis es la misma retroalimentación del resto del sistema al que se le niega, rechaza y reprime cualquier consideración. Estos bucles de retroalimentación, en sí mismos, se convierten en anomalías. Cuando la adicción toma el control, la identidad ha estallado. Con la adicción, hemos desechado una parte de nosotros. La naturaleza quiere que se arregle solo y las fuerzas naturales están aquí mismas para hacer que el sistema se abra y se vuelva a completar.

Las anomalías tienen información que va en contra de las creencias y normas comunes. Aún así, es información y no debe ser ignorada.

Las anomalías desafían al sistema. Son defectos y fallas que se construyeron inconscientemente en el sistema (individual, familiar o social) en un principio. Las anomalías son desviaciones de las reglas, normas y creencias.

Cuando las anomalías van demasiado lejos, aparecen como violaciones y abusos hasta que realmente crean o provocan estados alejados del equilibrio en el individuo, la familia o la sociedad. La abstinencia para el adicto trae este estado y puede llevar a que el adicto decida no volver a usar la droga o el alcohol. Luego

convirtiéndose en un Sistema Abierto. Los adictos son personas referidas a otros y no autorreferenciadas. El adicto necesita esta retroalimentación externa para romper sus propias barreras y encontrarse a sí mismo nuevamente. Usted es la fuerza exterior que ayuda al adicto a recuperarse. Las anomalías son beneficiosas.

TAREA para el Capítulo 5

Desdelas listas que completaste en el Capítulo 4, la lista de tus Deseos, Metas, Sueños y Necesidades, elige de cada lista las que alcanzaste, o en las que estás trabajando. Colóquelos en una hoja de papel separada en su categoría correspondiente y enumere los demás en las 4 páginas separadas en su categoría.

Bajocada Deseo, Meta, Sueño y Necesidad enumere 1 de cada una de las 3 cosas identificadas en la página. Debes darle buena consideración a esta asignación.

preguntaque piensas y escribes para cada al menos: 1 Evento, 1 Condición y 1 proceso que sabes o crees que tomará para lograr y/o cumplir cada uno. Ejemplo"

Deseo -: 1): Restaurar un auto antiguo. Lista para cumplir con esto:

a) Evento:Consigue un coche viejo para restaurar.
b) Condición: Tu estado de ser mental, emocional y físico necesario.
c) Proceso: Plan para hacerlo
d) Fecha:

EsoPuede ser útil pensar en otras personas que pueda conocer o que haya escuchado que ya las tengan y conozcan o imaginen los Eventos, Condiciones y Procesos por los que podrían haber pasado para llegar a donde están hoy con respecto al Deseo, la Meta, el Sueño o la Necesidad. Encuentre un modelo a seguir o imagine uno yidentificar o imaginar los patrones que usaron.

Este proceso es muy importante. Tómese su tiempo para hacer esto y busque una forma de hacer esta tarea desde un punto de vista objetivo. Considerar las percepciones y experiencias de otros puede ayudarlo a elaborar su lista.

Programe 3 momentos diferentes para cada Deseo, Meta, Sueño y Necesidad que realizará el Evento, mientras tenga la Condición y realice el Proceso que elija, durante los próximos 12 meses para completar su lista completa de los 28ustedhan enumerado.

Puede hacer 1 de cada uno en una visualización guiada de Memoria Futura.

Capítulo 6

SISTEMAS ABIERTOS

Los Sistemas Vivos son Sistemas Abiertos; Los sistemas abiertos toman retroalimentación, datos y energía de su entorno. Los Sistemas Abiertos tienen diferentes Modalidades para recibir la entrada del entorno, simplemente por el hecho de que todas sus áreas posibles de la entrada están Abiertas y no Cerradas a la entrada. Tome un clavo e intente clavarlo en el cemento. Se necesita una pistola de clavos especial para obtener el cemento y permitir que el clavo lo penetre. Tome un clavo e intente martillarlo en un trozo de madera. No solo penetra en la madera, sino que la madera cambia parte de su forma por dentro y por fuera para permitir que el clavo la penetre. Las cosas de la naturaleza deben ser Sistemas Abiertos, o morirán. Un árbol, una planta, incluso la semilla y la raíz deben estar abiertas. Si alguno de estos tiene límites que no son permeables y flexibles, el árbol o la planta morirá, si la semilla o la raíz están cerradas, la planta o el árbol ni siquiera pueden crecer. La planta puede adaptarse por sí misma al medio ambiente de numerosas maneras para asegurar su supervivencia. Esto es auto-organizarse.

UnEl sistema abierto es un sistema completo. Su Desorden es Discontinuo porque constantemente está tomando nuevos Datos, Correspondiendo e Integrando los nuevos Datos en sus Modelos, Programas y Procesos actuales.

Las tres Funciones principales de ser un Sistema Abierto son:

1) Admitir los datos continuos del entorno.

2) Aceptar los Datos, dialogar los Datos. Experimenta el Diálogo de los Datos. Crear Nuevas Teorías de los nuevos Datos, Diálogo y Experiencias
3) Expresar los nuevos Conocimientos y Discernimientos desde la Conciencia de los nuevos Datos. Implementar las nuevas teorías del diálogo de los nuevos datos y estar abierto a su retroalimentación.

   a) Admitir Sistemas Abiertos Creer en los Datos que ingresan al sistema hasta el punto de Reconocer los Datos, no lo consideran delirante, irreal ni surrealista. Admite y afirma que los Datos tienen un propósito. Permite que los datos pasen por los sistemas abiertos para procesar cualquier cosa de importancia. Los sistemas abiertos son "dueños" de los datos que ingresan. Esto significa que lo cree, lo afirma, lo admite y lo reconoce.
   b) Aceptar los Datos incluye el procesamiento de los Datos en el Sistema Abierto. El procesamiento se realiza sin juicio ni reacción. Permitiendo la aceptación de todos los Datos a ser tratados, dialogados yNuevas Teorías contempladas sin Protesta ni Reacción.
   c) Open Systems habiendo adquirido y experimentado estos nuevos Datos,

Expresar sus nuevos Aprendizajes de manera vigorosa y emocional a través de sus Acciones y Comunicaciones. Los Sistemas Abiertos dan voz a su Nueva Conciencia. Social e Intelectualmente por las Anomalías y Retroalimentación que es parte de nuestro Ciclo Viviente, de nuestro Ser. Esto permite utilizar cualquier dato del entorno para mejorar el sistema. Ninguna retroalimentación ambiental puede hacer que un sistema abierto decaiga cuando se mantiene abierto. Un Sistema Abierto no siente la necesidad de tratar de controlar la retroalimentación, no se siente intimidado, ansioso o deprimido debido a los datos y la retroalimentación.

UnOpen System está en continuo crecimiento (límites flexibles) a partir de experiencias de vida. No es negar, rechazar y reprimir los datos y la retroalimentación.de su entorno (permeabilidad).

Este proceso es continuo en todos los aspectos de nuestra vida y recorre estos tres Patrones para mantener un Sistema Abierto. Los Sistemas Abiertos procesan el Desorden de su entorno y el Desorden es naturalmente Desorden Discontinuo porque el sistema crece constantemente.

Cuando se niega, reprime o rechaza la retroalimentación del cuerpo, el cuerpo no se cura a sí mismo y el problema, ya sea físico, mental o emocional, permanece crónico. La abstinencia de drogas o alcohol es un buen ejemplo de esto.

proceso.Cuando el cuerpo tiene calambres, vómitos o diarrea, comienzan los síntomas de abstinencia. Es el proceso del cuerpo de sacar las toxinas de los sistemas del cuerpo. Cuando se administran otros medicamentos para detener el proceso del cuerpo hacia la plenitud nuevamente, el problema permanece en una etapa crónica.

Para alcanzar un estado de Plenitud o Salud, el individuo, la familia, la sociedad, debe pasar por la etapa aguda para llegar a la Salud y la Plenitud. Una vez en el estado de Salud o Plenitud nuevamente, aparecen las anomalías naturales, y nuevamente pasamos por otro estado agudo para lidiar con el estado crónico (anomalías) para volver a la Salud y la Plenitud. Repetir, repetir, repetir. No hay cura para los problemas de la vida, ya sean individuales o globales. Hay, sin embargo, procesos naturales integrados en cada individuo humano para el crecimiento debido a los problemas de la vida. Ya sea que nos pertenezcan como individuos o al mundo, existen formas naturales de vencer y crecer. Funciones naturales del cuerpo, procesos internos y modelos de superación y crecimiento. Vemos esto en la naturaleza con incendios forestales y nuevo crecimiento.

Open System

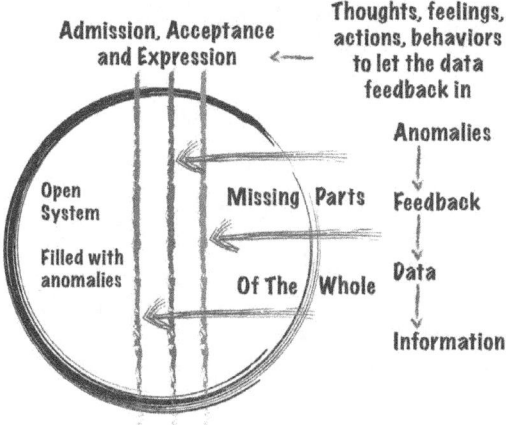

Disorder becomes discontinuous and "Identity" becomes ever changing and unpredictable.

Idealist Open System

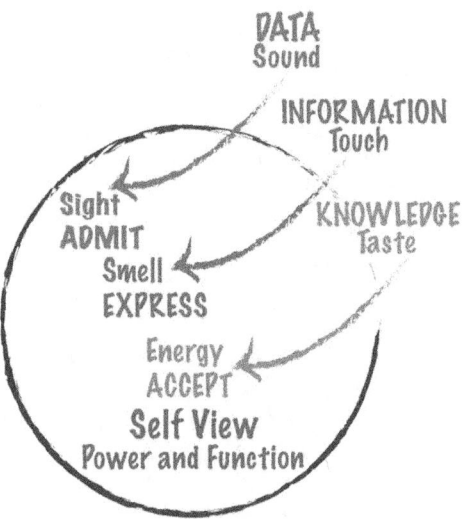

Conceptualist Open System

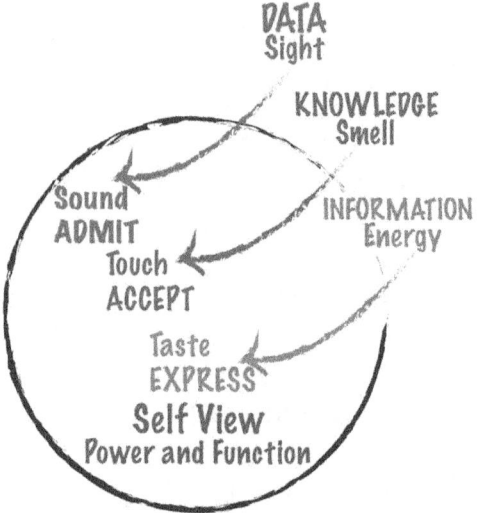

Relationalist Open System

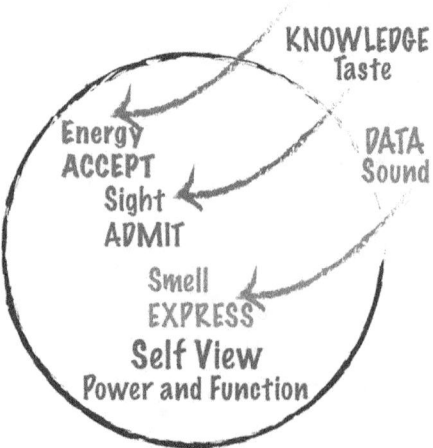

Actionist Open System

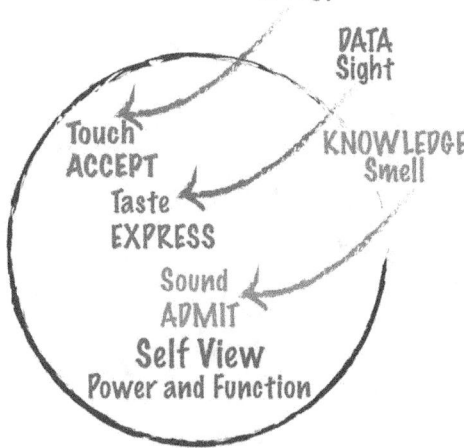

Functionist Open System

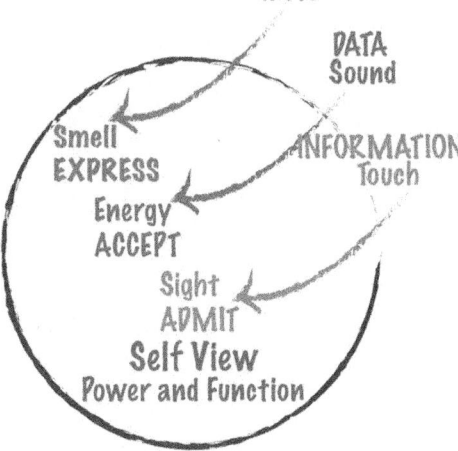

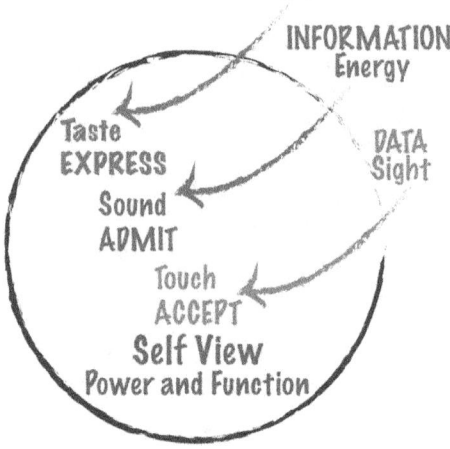

TÉCNICA DE SISTEMA ABIERTO

Coloque un círculo en el suelo. Identifique 3 ubicaciones tanto a lo largo del exterior como del interior del círculo.

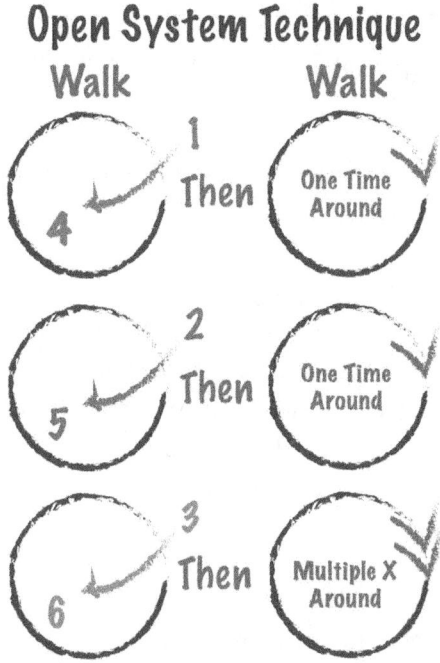

Final Step: Walk around circle 7 times or until a shift occurs. Then, step into circle and make an "I AM" statement.

Comience en las ubicaciones en el exterior del círculo y camine del 1 al 4 respondiendo las preguntas establecidas para cada ubicación según su capacidad sensorial.orden de abrir fuego.

TécnicaPatrón de caminar: 1 a 4
                                              2 a 5
                                              3 a 6

Cuando se complete este proceso, habrá llevado su primer sentido a su cuarto sentido, respondiendo cada pregunta para cada sentido. Luego, camina en círculo

unahora. Luego, pase a su segundo sentido y llévelo a su quinto sentido, respondiendo cada pregunta para cada sentido. Luego, camine en círculo una vez. Luego, pase a su tercer sentido y llévelo a su sexto sentido, respondiendo cada pregunta para cada sentido. Luego, continúe caminando el círculo repetitivamente por lo menos 7 veces o hasta que sienta un cambio neurológico. Luego párese en el centro del círculo y diga un "Yo Soy" Declaración.

Preguntas para la técnica de sistema abierto para diferentes personalidades sensoriales: conceptualista

1. ¿Por qué te llegaron estos datos (a mí)?
2. QuélataGano en dirección a partir de estos datos?
3. Donde ¿La información en la retroalimentación me guía?
4. ¿Quién está aquí para ayudar a mis respuestas en mi vida ahora?
5. Cual ¿Intuición o acción refleja este feedback sobre mí?
6. Cómo¿Puedo usar esto para obtener conocimiento y expresarme mejor?

Idealista

1. ¿Qué hay de estos datos sobre mi pasado?
2. Por qué ¿razono y justifico al respecto así (como lo hago)?
3. Quién ¿Está intentando informarme de algo?
4. ¿Dónde puede ayudarme a organizar y alcanzar mi futuro?
5. Cómo¿Es este conocimiento para mi futuro?
6. ¿Qué acciones e intuiciones tengo que actualmente bloquean esto?información y conocimiento?

relacionalista

1. ¿De quién son las relaciones si se trata de ahora?
2. ¿Qué acción/intuición mía, ahora, puede sacar nuevas teorías de ello?
3. Cómo¿El conocimiento expresado es importante para mí?
4. ¿Por qué hay datos en eso de razón para que los vea?
5. Qué ¿Qué valor tuvieron los datos en la dirección de mi vida?
6. Donde podría saber, qué podría reorganizar para expresar mejor mi conocimiento?

Accionista

1. ¿Qué acción o intuición rechazo y acepto?
2. ¿A quién aceptan estos en su mayoría en mi ¿la vida?
3. ¿Por qué las cosas parecían ¿que?
4. Cómo¿Podría reorganizar mis procesos para obtener un mayor conocimiento de ellos?
5. Donde ¿Hay alguna importancia en esto y qué modelo podría representar?
6. Qué valores que podría estar negando de mí mismo que se relacionan con esto?

Estratega

1. ¿Dónde está la importancia y el conocimiento para mí en esto?
2. Cómo¿Puedo procesar o modelar para reorganizar el conocimiento en esto?
3. Cualacción e intuición me niego actualmente sobre esta información?
4. ¿De qué valor o significado de mi pasado podría estar negando esto?
5. Por qué ¿Veo eso, hay partes que niego haber visto o razones por las que lo niego?
6. ¿Sobre quién en mi presente podría cuestionar y buscar nuevas teorías en mis relaciones actualmente?

funcionalista

1. Cómo¿Puedo procesar o modelar para reorganizar el conocimiento en esto?
2. Donde ¿Hay alguna importancia y conocimiento para mí en esto?
3. ¿De qué valor o significado de mi pasado podría estar negando esto?
4. Cualacción e intuición me niego actualmente sobre esta información?
5. ¿Sobre quién en mi presente podría cuestionar y buscar nuevas teorías en mis relaciones actualmente?
6. ¿Por qué veo eso, hay partes que niego ver o razones que niego al respecto?

Capítulo 7

TIEMPO Y ADICCIONES

Sistemas adictivos; Los sistemas que están cerrados a las formas naturales de retroalimentación del entorno se convierten en sistemas adictivos. Esto es cuando uno o más de los sistemas se han desplomado en otras partes del sistema, lo que hace que el proceso no se complete. Las adicciones, ya sean drogas, alcohol, pensamientos negativos, sentimientos, comportamientos, todos tienen líneas de tiempo de las que no pueden desvincularse. Para cambiar la adicción, se deben desvincular de los eventos y emociones de la línea de tiempo que controlan la adicción. Eventos que les han causado dolor, sufrimiento por su pasado y aferrarse a ellos y mantenerlos atrapados en su pasado y muchas veces temerosos de su futuro. Nacimos sistemas abiertos las luchas de nuestra vida que no superamos y crecen de sepultarnos convirtiéndonos en sistemas cerrados. Otra vez, se trata de las fortalezas que tenemos dentro de nosotros mismos que aún no hemos reconocido y entrenado para nuestro crecimiento. Poder "mirar" El tiempo es a través del tiempo. Ver el tiempo del pasado al futuro; observar a través del tiempo ayuda a evaluar las consecuencias, las causas y los efectos. Personas que no pueden ver a través del tiempo, no pueden imaginar y no pueden ver las consecuencias de sus elecciones y comportamientos. Esta es una percepción "Objetiva" de nuestro tiempo y las experiencias en nuestro tiempo. A través del Tiempo, las personas son individuos evaluativos. y no pueden ver las consecuencias de sus elecciones y comportamientos. Esta es una percepción "Objetiva" de nuestro tiempo y las experiencias en nuestro tiempo. A través del Tiempo, las personas son individuos evaluativos. y no pueden ver las consecuencias de sus elecciones y comportamientos. Esta es una percepción "Objetiva" de nuestro tiempo y las experiencias en nuestro tiempo. A través del Tiempo, las personas son individuos evaluativos.

Genteatrapado en el Tiempo, no puede salir del dolor o de los problemas. Cuando tenemos experiencias, pensamientos o emociones que continúan ocupando un lugar destacado en nuestros recuerdos, nos quedamos atrapados en el tiempo de estos recuerdos. La memoria no tiene que tener memoria detallada consciente; simplemente la emoción provocado por la memoria puede mantener nuestra vida cautiva al tiempo de la memoria. En el subconsciente, un recuerdo es solo un evento, los detalles no están necesariamente vinculados directamente al mismo modelo de programa o parte del cerebro que el evento. Los detalles son buscados por el cerebro cuando el evento es atraído hacia la conciencia y si estás pensando en un evento, es atraído hacia tu conciencia. A menudo, nos quedamos atrapados en nuestro tiempo Pasado y en el subconsciente estamos experimentando nuestro presente y nuestro futuro a partir de los recuerdos del pasado almacenados en el subconsciente. Esto hace que sea prácticamente imposible experimentar nuestros momentos presentes o incluso imaginar un futuro muy diferente al pasado en el que estamos atrapados. Estos individuos, atrapados en el Tiempo,

todas las cosas hechasdentro de nuestros cuerpos son para una intención positiva. La enfermedad, la incomodidad, la emoción, el comportamiento o el pensamiento son cosas que el subconsciente controla para lograr un estado de Totalidad para el individuo. El dolor, por ejemplo, tiene la intención positiva de notificar a la mente consciente que algo anda mal. El cuerpo sabe lo que se necesita para estar sano mental, emocional y físicamente y trabaja diligentemente para comunicárnoslo, a veces a través de un proceso muy desafiante. Poner nuestra atención en lo que el cuerpo nos está diciendo es un gran desafío para todo nuestro ser. Nuestro cuerpo, incluso en la enfermedad, está tratando de mejorar a sí mismo a un estado de Plenitud.

Cambiar a un estado de Totalidad no impide que un individuo pueda experimentar o hacer cosas negativas. Permite que el individuo elija hacer lo negativo o elegir hacer lo positivo. Para elegir no hacer nada, debe haber algo positivo que elegir hacer. LA ELECCIÓN es el propósito final, no el control.

Time Line Orientation

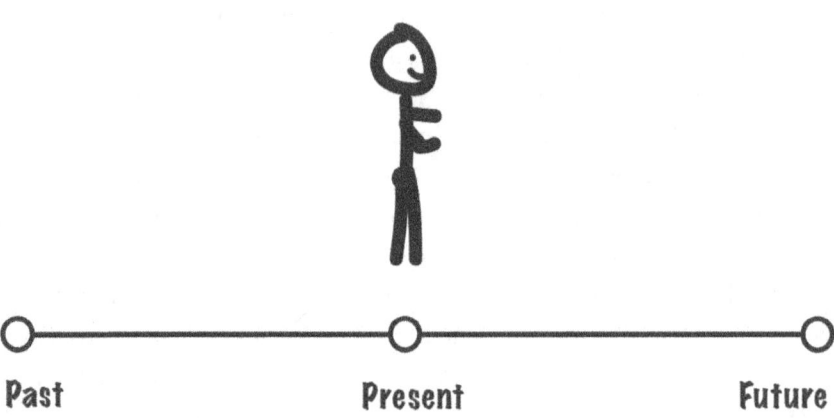

Past — Present — Future

A normal Time Line with Past Behind and Future in Front.

Switched Time Line Orientation

Future — Present — Past

A Time Line with Past in Front, and Future Behind. Many people with addictive patterns repeat the past and may have this orientation.

Imágenes guiadas futurasIntroducción:

HeEscuché decir que tejemos nuestro futuro en nuestro presente, con los recuerdos de nuestro pasado. Espero que estés haciendo algún trabajo de línea de tiempo pasado. A veces, el trabajo de la memoria pasada es tan simple como hablar con otros seres humanos sobre nuestras experiencias de vidas pasadas. Hay muchas otras formas disponibles para trabajar con nuestro pasado.

Trabajar con nuestros recuerdos del pasado es extremadamente importante. Como seres humanos, para poder superar nuestro pasado, debemos aprender a hablar de él, a pensar en nuestro pasado, a percibir nuestro pasado. Como seres humanos, también tenemos recuerdos futuros constantemente, y generalmente llamamos a estos recuerdos futuros esperanzas o sueños, metas, cosas que elegimos o deseamos tener o lograr. Este CD está destinado a ayudarlo a obtener apoyo consciente y subconsciente para tener, esperar y lograr su futuro. Por favor colóquese en una posición cómoda, asegúrese de tener 20 minutos o media hora para escuchar este CD.

Diálogo de imágenes guiadas futuras:

"Cierra los ojos y toma tres respiraciones profundas de limpieza por la nariz y exhala por la boca. Vuelva a respirar normalmente y relájese. Imagina algo increíble, algo que siempre has soñado con tener o hacer, o incluso ser. Algo que es tan emocionante, abrumador, que te abarca. Algo en tu futuro, algo increíble. Algo que te traería más alegría, más de todas las cosas buenas de la vida de lo que puedas imaginar. Un recuerdo futuro maravilloso. Piensa en este futuro recuerdo con gran detalle. En todos sus aspectos gloriosos y placeres, ya sea algo grande o algo pequeño. Elige algo ahora, que lo estás teniendo llena una parte de ti. Y con este pensamiento en tu mente, imagina flotar fuera de tu cuerpo, o imagina una vista de pájaro de ti mismo tal como estás ahora. De forma segura, cómoda y segura, flotando arriba, una vista de pájaro de dónde se encuentra, y con esta futura meta, sueño o deseo en su mente, flote a lo largo de todos sus recuerdos futuros y elija un lugar ideal para que tenga este futuro. memoria. Y cuando estés en el lugar ideal de tus futuros recuerdos,....

encuentre una ubicación ideal para el recuerdo frente a usted a medida que se posiciona

por encima de tus recuerdos futuros, tu vista de pájaro de tu futuro, y esto la memoria comienza a crearse a sí misma de cualquier manera que puedas imaginar que se está creando, ya sea en la vida real, ya sea en una pantalla de cine, de cualquier manera que puedas imaginar o pretender imaginar, observa cómo se desarrolla esta memoria futura en su plenitud. frente a ti mientras estás posicionado sobre tus futuros recuerdos. Observe cómo este recuerdo se mueve, vive, respira, observe todas las experiencias sensoriales humanas mientras observa este recuerdo frente a usted. Fíjate todo el entorno en esta memoria, todas las vistas panorámicas de esta memoria.

E imagina que tienes en tu poder posicionado aquí arriba de tus futuros recuerdos, mirando, observando este futuro recuerdo, que tienes un panel de control, y con este panel de control puedes hacer cualquiera y todos los ajustes que elijas hacer en este memoria mientras la observas. Puede cambiar el color y el sonido, la textura, el olor y el sabor, puede cambiar la profundidad y la dimensión, el tiempo, y puede elegir hacer todos los ajustes que elija hacer. Para que este futuro recuerdo sea perfecto para ti. Y cuando haya hecho todos los ajustes que elija hacer en esta memoria futura, imagine o pretenda imaginar, de manera segura, cómoda y segura desde su vista de pájaro, entrando directamente en toda esta memoria. Experimentando ahora todas las vistas y sonidos, los olores y sabores, las temperaturas y texturas, las energías e intuiciones, el sentido de ti mismo en esta memoria. E imagina que tienes aquí también un panel para hacer todos los ajustes que puedas elegir para tener esta memoria aún más, incluso mejor, de lo que jamás habías imaginado.

Y nota cómo te sientes en este recuerdo, nota tus pensamientos conscientes en este recuerdo. Fíjate en tus sentimientos y sensaciones en este recuerdo. Observe lo que otros pueden estar pensando y sintiendo con usted en este recuerdo. Observe todos los aspectos de cualquier persona y cualquier cosa y la experiencia de ello, en este recuerdo, y haga todos y cada uno de los ajustes que elija hacer para que este recuerdo sea todo. usted puede posiblemente imaginar. Y cuando este recuerdo sea perfecto para ti y para los demás, imagina o finge imaginar que sales de este recuerdo de forma segura y segura y flotas, y tienes una vista panorámica de todos tus recuerdos futuros, y nuevamente observas este recuerdo futuro. frente a ti, mirándolo de nuevo, en detalle. Asegurándote, Y cuando este recuerdo es todo lo que eliges tener este la memoria sea, imagine, flotar esta memoria futura directamente hacia abajo en la posición que ha elegido en su línea de tiempo futura, esta memoria se coloca ahora en su línea de tiempo futura exactamente donde elige colocarla con sus recuerdos futuros, y de cualquier manera que usted imagine, o pretenda imaginar, asegure esta memoria futura en su línea de tiempo de memoria futura. Y flotando sobre su línea de tiempo futura o experimentando la vista de pájaro de sus recuerdos futuros, observe cualquier cosa y todo lo que pueda ser diferente ahora, en su línea de tiempo de memoria futura, habiendo colocado esta memoria en su línea de tiempo futura. Observe cualquier cambio en el color, en el brillo, la longitud, el ancho, la dimensión, la textura o los matices, cualquier cosa y todo lo que pueda verse diferente en la línea de tiempo de su memoria futura, ahora, y observe a vista de pájaro, usted está posicionado allí en usted ahora. y nota cualquier cosa que pueda parecer diferente mientras te observas allí en tu ahora, habiendo colocado esta memoria futura en tu línea de tiempo de memoria futura. Y noten el poder que tienen en sus mentes, el control que tienen en sus mentes para cambiar su futuro. Tener, ser, lo que elijas tener o ser, en tu futuro. Flotando de regreso ahora, hacia ti en tu presente, cambiando tu vista de pájaro de tu futuro a ti en tu presente, y flotando de nuevo hacia ti mismo, conociendo las cosas que están ahí para ti en tu futuro, conociendo el poder de tus mentes. , conociendo las texturas, los colores, los sonidos, los olores, los sabores, las intuiciones y energías, conociéndote en esa memoria futura. Tú en tu ahora, tú que tienes el poder, tú que controlas tu futuro desde tu mismo ahora. Respirando más profundo, sintiendo más sensación corporal,

Gracias.

Fin del diálogo.

Cada sistema del cuerpo está destinado a ser un Sistema Abierto y parte del sistema completo (Totalidad), que es un sistema completo (Totalidad), cuando todos los sistemas son Abiertos y Correspondientes juntos, tenemos la (Identidad) del sistema Total. Cuando cualquier sistema está cerrado, en cualquier área otro sistema del cuerpo cae en picado por el sistema del área cerrada. Esta plomada significa literalmente que todas las funciones, procesos y propósitos de los sistemas corporales y los sentidos se imponen a otro sistema corporal para que los lleve a cabo para el sistema cerrado. Esta es la forma en que un órgano del cuerpo comienza a descomponerse (sistema cerrado) y otros órganos y sistemas del cuerpo comienzan a verse afectados negativamente por el cierre del órgano o sistema. Este es el intento del sistema corporal de recuperar la Totalidad. Cuando cae en picado en otro sistema, se pierde la identidad. El sistema que está cerrado ha perdido identidad y el sistema que cae en picado en el sistema cerrado pierde su identidad al asumir las funciones de otros sistemas. Nuestro enemigo interno es el Ser, derribándonos en picado, para abrir nuestro sistema. Esto entonces se convierte en el proceso adicto; el Sistema Cerrado. Cuando cae en picado, cae en picado al sistema del cuerpo correspondiente, como se ilustra en el siguiente mapa del cuerpo.

Cada sentido humano tiene su propia identidad, función y elementos. Cuando cualquier sistema sensorial es cerrado, otro sistema sensorial debe recoger la identidad, funciones y elementos del sistema sensorial cerrado. Por ejemplo, el sentido de la Identidad de la Vista es para que nosotros veamos. El subconsciente toma todo lo que vemos a través de nuestro sentido de la vista y crea programas para nuestras Ideas, Razones y Conceptos, el elemento de Pasado, Datos, Tomar acción y muchos otros elementos están programados en nuestro subconsciente desde el sentido de la vista. Si entonces, el sentido del olfato se cierra y cae en picado en el sentido de la vista, la vista también debe hacer toda la función y los elementos deben hacer el olfato.

Olorsu función es crear programas de estrategias en el subconsciente y algunos elementos asociados con el sentido del olfato son el Futuro, el Conocimiento y dejar que otros actúen.

La vista siendo ideas, razones y conceptos, nuestro pasado, datos y tomar acción haciendo también los procesos subconscientes para olfatear estrategias, nuestro futuro, conocimiento y dejar que otros tomen acción significa esta experiencia consciente: las estrategias para nuestro futuro se basan en ideas pasadas. , razones y conceptos: el conocimiento se basa solo en datos sin información involucrada y permitir que otros tomen medidas solo se logra tomando medidas nosotros mismos. Todas estas áreas del sistema cerrado hacen que todo el sistema sea disfuncional. dando como resultado patrones de visión propia de ciclos a través de sus modelos de programa disfuncionales. Das vueltas y vueltas y vueltas y cómo llegaste aquí nadie lo sabe. (Pero tu).

Estas son las estructuras, patrones y procesos subconscientes basados simplemente en la naturaleza de las funciones subconscientes. Esto le sucede a todos los seres humanos y es un programa subconsciente con un efecto consciente devastador en nuestras habilidades para cambiar, sin importar cuánto lo deseemos.

ILUSTRACIÓN DEL MAPA HOLOGRÁFICO DEL CUERPO HUMANO Y LA UBICACIÓN DEL CUERPO SENSORIAL CON CADA PUNTUACIÓN DE LA EVALUACIÓN EN EL CAPÍTULO UNO - Y LO QUE SE PIERDE DEPENDIENDO DEL SISTEMA QUE NO ESTÁ COMPLETAMENTE ABIERTO Y LO QUE SUCEDE CON ESA PARTE

DE ELPERSONA. Sonido-valores, significado, pasado. Vista- ideas, razón, pasado. Relaciones táctiles, presente. Energía- acciones, presente. Gusto: creencias sobre el carácter de uno mismo y la capacidad de juzgar el carácter y el futuro de los demás. Olfato- Creencias de estrategias, futuro.

Estudie este mapa y aprenda a identificar en usted mismo las áreas sensoriales que están cerradas en su subconsciente y comience a aprender a comprender su propia experiencia consciente, basada en los procesos subconscientes.

Refiriéndose al Mapa Humano Holográfico con la "Q" y la "A" y el número de la pregunta o respuesta enumerada en esa área del mapa es el área de la Pregunta y Respuesta de la prueba en el Capítulo 2. Esto le permite identificar el sentido y sus funciones funcionan o no funcionan. Esta referencia de ilustración de mapa se aplica solo a las preguntas y respuestas del cuestionario, lo que indica un sentido Cerrado.

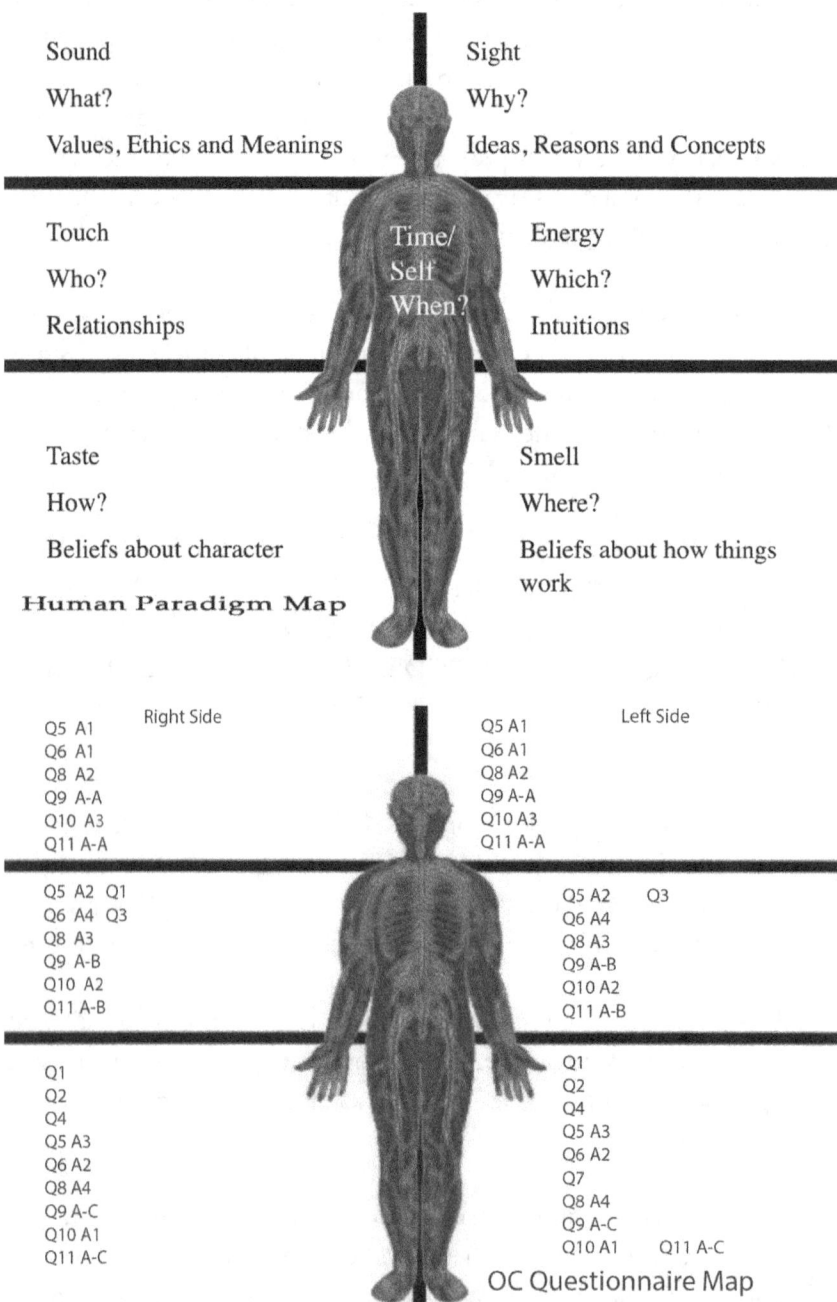

Use esta página para documentar los sentidos en los que está Cerrado en base a este Mapa Humano Holográfico al que se hace referencia con las Preguntas y Respuestas.

Sentidos Cerrados y su función y elementos:

Use esta página para escribir las consecuencias o efectos del cierre de estos sentidos en función de la función sensorial y sus elementos junto con el sentido al que cayó en picado y la combinación resultante de sobrecarga en el sentido de caída en picado.

Describa y explique su propia experiencia consciente debido a que estos sentidos están cerrados.

Use este espacio para enumerar los sentidos en los que está abierto según el cuestionario y las preguntas y respuestas que NO se encuentran en el mapa ilustrado.

Use esta página para describir los efectos conscientes de estos sentidos abiertos, las funciones y los elementos a los que su consciente y subconsciente tienen acceso.

FORMULARIO DE ASIGNACIÓN DEL SISTEMA

Cada día que interactúes con el adicto, completa este formulario para tu propia educación. (Educar: sacar), de nuevo tu propia sabiduría ya está dentro de ti. Recuerde, el adicto tiene mayores talentos, habilidades e incluso creencias dentro de sí mismo, su visión del mundo y su propia visión.

Con esto en mente, mientras observa e interactúa, considere formas de "educar" tanto a usted como al adicto con respecto a estos en ellos.

Nadie es un Sistema Abierto completo, aunque cuanto más practiques ser un Sistema Abierto, más abierto te volverás.

1) Admitir-

¿Qué les oíste decir?

¿Qué los viste hacer o qué te dijeron que hacían?

2) Aceptar-

Escribeun diálogo, una sinopsis basada en lo que escuchaste y viste. Escriba teorías (planes) de formas de acercarse a ellos para asistirlos o ayudarlos. Incorporar (planear) estas teorías y estar abierto a datos adicionales y comentarios de ellos en sus respuestas (esto es Admitir nuevamente, paso 1 de un Sistema Abierto)

3) Rápido-

Haga el plan que creó en Aceptar paso 2 y repita este plan durante 3 a 7 días repitiendo Admitir en el paso 1 y escriba un diálogo con una sinopsis de todo lo que usted mismo está aprendiendo a través de este proceso. Mantenga un diario sobre todo lo que aprenda sobre usted mismo, la otra persona y la vida en general. Puede comenzar aquí.

Capítulo 8

INCAPACIDAD

La infranqueabilidad se trata de elecciones, la elección es un síndrome de salto cuántico. Esté dispuesto a dejar ir para ser uno con Dios y consigo mismo y avance hacia sus metas, nútrese cuando otros no estén dispuestos a elegir ir con usted, eligen quedarse.

Mente, emociones (espíritu) y cuerpo tienen dos saltos cuánticos cada uno:

CUANTOS

1. Derecha
2. Dios
3. La vida

4. Incorrecto
5. Uno mismo
6. Muerte

La elección de los tres primeros implica la elección de los últimos tres cuantos. No puedes tener uno sin el otro. Debe haber oposición en todas las cosas. Cada opuesto está asociado con su elemento opuesto. Estos cuantos son parte de la programación subconsciente con la que nacemos. Tenemos un sentido interno del bien y del mal y el otro cuanto. Cada uno tiene su propia identidad, función, elementos, y uno no se convierte en el otro. Aún así, se interrelacionan de manera interdependiente y son números enteros entre sí. La resistencia ocurre cuando el Quantum asociado cambia (el resto del conjunto) y no es puenteable. Como seres humanos no podemos tener una vida sin que la muerte sea una parte natural de la vida. No podemos ser un yo sin tener a Dios una parte natural de nosotros. No podemos hacer lo correcto sin que el mal sea un aspecto natural de esto.

Cuando estos cuantos saltan de un lado a otro, se produce resistencia entre los cuantos opuestos. Por ejemplo, una respuesta defensiva mental al cuanto opuesto, como si el cuanto opuesto fuera una fuerza resistiva. Cuando en realidad no lo es. En realidad, nosotros, como seres humanos, aún no hemos aprendido a tomar la oposición en todas las cosas y convertirlas en algo que se pueda atravesar o pasar por encima. El puente de los cuantos los hace pasables, navegables y negociables.

Lo correcto no es incorrecto ni lo incorrecto nunca es correcto. Como todo elemento con identidad propia, es imperativo el respeto a la identidad individual de cada uno. Tener la conciencia de la capacidad de puente de estos cuantos opuestos abre nuestro sentido interno de estos para acceder naturalmente a los pasajes y direcciones de uno a otro. La sabiduría del hombre ha enseñado tantos principios que han alejado a la humanidad de las simples verdades. Entonces, las verdades simples, hasta cierto punto, parecen sin sentido para el intelecto y la sabiduría de la humanidad.

Dios nos envió aquí con todo lo que necesitamos, y esto no se refiere solo a la tierra, el aire y el agua. Incluso dentro de nuestra propia mente y alma, está nuestro conocimiento con el que vinimos a la tierra. Así como un día podemos dejar esta tierra con el conocimiento que hemos adquirido aquí; venimos con conocimiento. El hombre ha realizado y logrado muchos grandes logros, aunque ninguno superará la capacidad dentro de cada ser humano.

Cuando podemos aprender a reconocer o incluso simplemente recordar la identidad, la función y los elementos de cada cuanto, también obtenemos un mayor sentido de estos dentro de la experiencia de nuestra vida diaria. Muchas veces, solo la conciencia de, puede ser una gran ventaja cuando se repite en nuestra mente consciente.

Muy a menudo en nuestras vidas, cuestionamos nuestro propio sentido del bien y el mal, Dios y uno mismo, y la vida y la muerte. Los conocemos como las identidades individuales que siempre han sido. El hombre ha hecho muchos intentos de explicar la relación de estos y no se explican afirmando que son uno, o que no hay diferencia entre ellos, ni ninguna otra explicación. Son opuestos entre sí, son reales. Tienen identidades individuales, separadas, funciones y elementos que las integran. En la Teoría Holográfica Humana, cada Identidad sigue siendo ella misma aunque puedan interrelacionarse, ser interdependientes y corresponder con otras identidades.

cuánticase vuelven puenteables a través de este mismo proceso, de corresponder, interrelacionados entre sí de manera interdependiente. Así como las relaciones, como una familia: el padre y la madre y los hijos mantienen su propia identidad, uno no se convierte simplemente en el otro. Cuando uno debe convertirse en el otro debido a la falta del otro, el que asume dos roles puede sufrir una sobrecarga a veces.

Unir los cuantos nunca se logrará en un Sistema Cerrado. El sistema debe estar y permanecer Abierto para que los cuantos puedan corresponder como son capaces de hacerlo y ayudarnos a ser completos.

Cuando todos los estados cuánticos se vuelven puenteables, los saltos cuánticos se disuelven y se produce la conciencia de la unidad. La conciencia de la Unidad es un conocimiento consciente de la Identidad y el Elemento de algo y la capacidad de observar a partir de sus experiencias a través de estados o cualidades intangibles de percepción directa o intuitiva. Este conocimiento e intuición de lo intangible se refiere a las funciones, orígenes, causas y conexiones con lo que se necesita para la unidad. La capacidad de conocer los orígenes o desviaciones, las causas, los motivos y la razón, las Identidades y los Elementos para dar continuidad sin las desviaciones (anomalías).

Ser naturalmente consciente de las posibles desviaciones de la vida antes de su aparición real en su vida. La conciencia de la Unidad trae una condición de armonía, continuidad sin desviación o cambio en su meta y propósito.

cuánticasalto entre los disparos sensoriales tercero y cuarto, ya que los detalles de las formas de tratar con las anomalías que aparecen en el disparo del tercer sentido producen el mismo efecto, saltando de un lado a otro, tratando de convertir uno en el otro. El proceso de cambio de Transformación de Bridgability evita que los sentidos se cierren y mantiene la Identidad creciendo y progresando con éxito.

Conocete a ti mismoLuego

Cúrate a ti mismo

Conocer y sanar a otros

Comolos Quantum pertenecen a los sistemas abiertos y cerrados: Conócete a ti mismo pertenece a nuestra elección de lo correcto y lo incorrecto y la adopción de medidas. Cúrate a ti mismo pertenece a nuestra elección de Dios y de nosotros mismos y no hagas nada. Conocer y sanar a otros pertenece a nuestra elección de vida o muerte y dejar que otros actúen. Un Sistema Cerrado nunca se Conocerá a Sí Mismo, ni se Curará a Sí Mismo, niConocer y sanar a otro.

1) CONOCETE A TI MISMO
2) SALUDABLEUNO MISMO
3) CONOCER Y SANAR A OTROS

Este proceso debe suceder antes de que podamos verdaderamente conocer a otros y luego sanar a otros. Como dijo Jesús, primero debemos sacar la paja de nuestro propio ojo antes de poder sacarla del ojo de otro.

Una persona no hace un adicto, alcohólico hacer. Se necesitó un equipo para traernos aquí y se necesita un equipo para sacarnos y mantenernos afuera. Este equipo es familia. La familia es la forma en que fuimos creados. Ya sea casado o soltero, todavía se necesitaba un hombre y una mujer para crear un niño. A esto lo llamamos familia.

La educación es importante para niños y adultos. El diccionario define educar como sacar. La familia debe sacar aspectos de cada individuo. Cualidades, habilidades, talentos, la familia debe tener un sentido de comunidad entre los miembros y en el entorno familiar. El modelo familiar de unidad y seguridad en su entorno es el mismo modelo que los individuos utilizarán en la sociedad. Una vez que los individuos conocen sus talentos y habilidades, aprenden a armonizarlos en el entorno familiar para lograr un sentido de equilibrio. El entorno incluye las respuestas y reacciones del cuerpo a diferentes pensamientos, sentimientos y comportamientos.

Esta respuesta ambiental refleja el entorno externo al que el individuo ha sido entrenado para responder. El subconsciente codifica las cosas según lo que pensamos sobre ellas. Esto se aplica al Mapa Corporal y otros puntos desencadenantes de memorias, programas, procesos y modelos.

Los niños se reflejarán o reflejarán en sus padres, otros hermanos, la familia, la comunidad, las áreas que los padres y otros en su entorno están negando. Estas negaciones pueden tener que ver con la necesidad suprimida, la necesidad negada, las necesidades rechazadas, los talentos, los impulsos. Las creencias que han sido escondidas y violadas por los patrones de la persona creados para evitar sus dolores y sufrimientos. La adicción viola nuestra propia creencia verdadera; todo lo que se necesita para mantener la adicción se vuelve antagónico a las creencias verdaderas.

Las Escrituras declaran "los pecados de los padres están sobre la cabeza de los hijos por 4 generaciones".

Nosotrosdebemos cambiar nosotros mismos antes de que podamos ayudar a otro a cambiar. Para cambiar uno mismo, uno primero debe conocerse a sí mismo. Aunque puedas pensar que te conoces a ti mismo, si tienes problemas personales que no puedes superar, si tienes metas personales por las que sigues esforzándote y que no puedes alcanzar, entonces realmente no te conoces a ti mismo. Creo que no tenemos problemas que no podamos superar. Creo que si tenemos una meta por la que nos esforzamos, también tenemos los medios y las habilidades para alcanzar la meta.

UnUna excelente manera de conocerte verdaderamente a ti mismo es conocer tu yo interior, tu yo subconsciente. Solo conociéndote a ti mismo conscientemente, y aun así sin superar o alcanzar lo que tu consciente sabe; Conócete a ti mismo subconsciente y luego podrás superar mejor tus problemas conscientemente. Entonces puedes alcanzar conscientemente tus metas conscientes. Consciente puede anular subconsciente. Primero consciente debe conocer los programas subconscientes que se están ejecutando.

CAPÍTULO 8 ASIGNACIÓN

ENUMERA TUS RECUERDOS PRINCIPALES (IMPORTANTES) DE TU PASADO, ENUMERA DÓNDE CREES QUE ESTÁS EN TU PRESENTE, ENUMERA TUS METAS PRINCIPALES (MEMORIAS) DE TU FUTURO.

Recuerdos importantes del pasado

Colocación actual

Futuros recuerdos importantes

CAPÍTULO 9

MEMORIA Y ADICCIONES

La memoria juega un papel importante en el desarrollo de nuestra personalidad, identidad, procesos de comunicación y nuestras creencias fundamentales. El subconsciente toma datos de nuestras experiencias sensoriales y los procesa para que la parte consciente de nuestro cerebro los perciba, evalúe, juzgue y decida. Estas respuestas conscientes luego son tomadas por el subconsciente y procesadas y, por lo tanto, terminamos con patrones de pensamiento, respuestas emocionales, patrones de comportamiento y creencias fundamentales.

Llamamosestos Modelos y Programas nuestra Identidad, Personalidad y toda nuestra experiencia de vida pueden terminar basándose sólo en este proceso, sin considerar la providencia y las intervenciones de otros. No solo la experiencia Sensorial, sino la Percepción Consciente de la experiencia juega un papel importante en los Modelos y Programas resultantes de la experiencia. La forma en que realmente percibes los eventos y experiencias de tu vida tiene un mayor impacto en tu subconsciente (programa/modelo) que la experiencia misma. Es muy cierto buscar el bien, buscar las lecciones para aprender, perdonar y ver los desafíos de la vida como una oportunidad para crecer. Su percepción consciente es el maestro de los programas de sus experiencias de vida. Si ve que lo molestan, lo menosprecian, que no es capaz, que no es lo suficientemente inteligente o que no es lo suficientemente bueno, y si esta es su percepción consciente,

Estos recuerdos se acumulan durante un período de tiempo y todos terminan teniendo experiencias sensoriales negativas, incluso hirientes. Negativo, incluso las respuestas Conscientes dañinas pueden resultar en Modelos y Programas negativos o incluso dañinos. Este proceso desarrolla Modelos y Programas disfuncionales que todos tenemos en algún grado.

Inclusoaunque gran parte de los datos sensoriales en los procesos subconscientes provienen del entorno, el subconsciente, a través de sus programas de compresión de datos, toma los datos con la respuesta consciente, y cuando tenemos alrededor de 8 años, las respuestas conscientes en sí mismas terminan siendo un Modelo y Programa ya creado por nosotros. Estamos programados en lo que percibimos la forma en que evaluamos y juzgamos y tomamos nuestras decisiones.

El subconsciente utiliza la memoria para crear la forma en que experimentamos el presente y la forma en que experimentaremos el futuro. Hay un dicho de los nativos americanos: "Creamos nuestro futuro, en el presente, con la estructura de nuestro pasado".

La memoria es una Totalidad y consta de 3 Elementos separados, cada uno con una Función separada.

Elementos de la memoria:

Genética vicaria real

La Memoria "Real" es utilizada por el Subconsciente para crear nuestra Identidad y nuestra Personalidad. La Memoria "Real" se almacena como Memoria "Pasada", por lo que termina siendo la base que crea nuestras experiencias "Presentes", Percepciones Conscientes, evaluaciones, juicios y decisiones.

La memoria "vicaria" es utilizada por el subconsciente para crear nuestra respuesta emocional y nuestros procesos de comunicación. La Memoria "Vicaria" se almacena como Memoria "Presente" y es la base que tenemos para construir nuestro "Futuro".

La memoria "genética" es utilizada por el subconsciente para crear nuestras creencias fundamentales sobre nosotros mismos, funciones y estrategias. Memoria "Genética" es literalmente memoria de nuestro linaje, nuestra ascendencia; esto viene en rasgos físicos, mentales, de carácter. La memoria genética nos brinda una gran oportunidad en el sentido de que es memoria de eventos sin todas las respuestas conscientes del evento. Esto le da al individuo que contiene la memoria la oportunidad de percibir, evaluar, juzgar y decidir por sí mismo la percepción, interpretación y uso consciente de la memoria del evento. Una vez más, es la respuesta consciente al evento, la experiencia que comanda el subconsciente (inconsciente), la creencia del modelo del programa.

Los recuerdos juegan un papel importante en la adicción tanto para el adicto como para sus seres queridos. No se puede simplemente "superar algo". No se puede simplemente "dar la vuelta" o "pasar por debajo". Debes pasar por eso. Debes aprender y crecer a partir de ello.

La memoria misma termina siendo solo Modelos-Programados creados en el Subconsciente. El "Pasado", el "Presente" y el "Futuro", solo repetición de lo mismo una y otra vez.

Túliteralmente debes volver a los Recuerdos "Pasados" que son negativos y quizás incluso dañinos y aprender de ellos para cambiar tu "Presente". Cambiar tu "Presente" es la única forma de cambiar tu, sí, lo entiendes, tu "Futuro".

Túliteralmente cree su "Futuro" en cada momento con cada pensamiento consciente que tenga en respuesta a cada dato que llegue a su conciencia desde su subconsciente. Tome el control consciente de este proceso y cree su propio "Futuro", de la forma en que elegiría que fuera.

Hay imágenes guiadas para ayudarlo a lidiar con el "Pasado" y crear el "Futuro". También puede aprender a hacer este proceso como una Visualización guiada experiencial.

Imágenes guiadas pasadas

Introducción:

El subconsciente almacena toda nuestra información, información sensorial, cualquier otro tipo de información que pueda estar disponible para nosotros, la almacena en una línea de tiempo. Solo hay una forma en que el subconsciente en su procesamiento de información en el subconsciente dejará de procesar información. El subconsciente dejará de procesar la información almacenada en el subconsciente cuando, y solo cuando, el consciente haya tomado decisiones y juicios sobre la información en el subconsciente. Entonces, y solo entonces, el subconsciente dejará de procesar la información cuando el consciente haya hecho juicios y elecciones conscientes, percepciones en un nivel consciente sobre la información subconsciente. Esta es una de las razones por las que lidiar con nuestro pasado es tan, muy importante. Hasta ya menos que nos ocupemos por completo de todo nuestro pasado más profundo, nuestro subconsciente continuará procesando esa información con toda la demás información en nuestro presente e incluso en nuestros sueños y metas futuras. Estoy seguro que todos y cada uno de nosotros tenemos recuerdos de nuestro pasado que se han repetido en nuestro presente, que nos preocupa que puedan repetirse en nuestro futuro. Estamos a punto de hacer un poco de visualización guiada para hacer algo de trabajo para limpiar nuestra línea de tiempo pasada.

Colóquese en una posición cómoda, donde pueda tener unos momentos, tal vez 20 o 30 minutos de silencio para escuchar este CD. Determina en tu mente consciente la situación de tu pasado, tal vez no conozcas la situación, así que puede ser solo una experiencia de tu presente. Puede ser una emoción que estás eligiendo conscientemente no tener más. Que eres consciente de lo que experimentas en tu presente.

Determina y escribe aquello en lo que has decidido trabajar al hacer un trabajo en tu pasado para limpiarlo de modo que tu subconsciente pueda guardarlo, para que tu presente y tu futuro ya no sean derribados por tu pasado.

Diálogo de imágenes guiadas del pasado:

Para estar cómodo, tome tres respiraciones profundas de limpieza, inhalando por la nariz y exhalando por la boca. E imagina, solo imagina, incluso puedes fingir que imaginas. Imagina que puedes salir flotando de su cuerpo ahora o simule imaginar una vista de pájaro de sí mismo tal como está posicionado en este momento. Y desde tu posición flotante segura o vista de pájaro, mirándote a ti mismo posicionado desde tu vista de pájaro o desde tu vista flotante segura, imagina o finge imaginarte flotando, seguro, con tu vista de pájaro por encima de todo tu pasado. recuerdos, tu vida antes de ahora. E imagínate, flotando, mirando hacia abajo en tu línea de tiempo, hasta que llegues al lugar que aparece o parece ser el lugar en tu línea de tiempo, donde se encuentra lo que escribiste para tratar y eliminar de tu pasado. Permaneciendo por encima de tus recuerdos pasados, mirando hacia abajo, a vista de pájaro de tu pasado, nota el color, nota la profundidad, nota la textura, la dimensión, la luminosidad y el brillo y la longitud. Y mientras permanece por encima de su línea de tiempo, imaginen de cualquier manera que elijan imaginar que esta memoria se libera de su línea de tiempo, y en un cable guía de algún tipo, asciende a su posición segura sobre su línea de tiempo. Y permitir que este recuerdo flote frente a ti donde puedas observarlo desde una distancia segura.

Observa este recuerdo desde tu seguridad, a vista de pájaro, desde tu segura posición flotante, observa todos los detalles de este recuerdo, observa a todos y todo en este recuerdo, observa los sonidos, los olores y los sabores y las texturas, las energías, las intuiciones en esta memoria, no sólo de tu propio recuerdo, sino también notar el recuerdo de otros en esta memoria. Observando todos los detalles de este recuerdo, desde tu posición segura flotando sobre tu línea pasada con este recuerdo ascendido frente a ti, balanceado en el aire frente a ti.

Imagina de cualquier manera que elijas imaginar o pretender imaginar, que puedes absorber todo lo valioso de todos y todo en esta memoria. Puedes imaginar o pretender imaginar que simplemente mirando y observando, observando, escuchando este recuerdo mientras flota frente a ti, que simplemente observándolo, puedes absorber todas las lecciones que todas y cada una de las personas y cosas podrían tener. , debería haber, podría-debería haber aprendido de esta experiencia. O puede imaginar o pretender imaginar que simplemente extendiendo su mano hacia este recuerdo puede absorber todas las lecciones y sabidurías beneficiosas que podrían haber sido, deberían haber sido aprendidas de todas y cada una de las personas y personas.

cosa en esta memoria, e imagina, o simplemente finge imaginar, que todas estas sabidurías, todas estas lecciones, todo ese aprendizaje es absorbido a través de tu percepción y observación ahora, a través de tu gesto de sostener tu mano, ahora, hacia este memoria. Todas estas lecciones y todas estas sabidurías, no solo para usted, sino para todos en esta memoria, se absorben en sus mentes conscientes y subconscientes para su uso beneficioso consciente y subconsciente. Cada detalle de este recuerdo frente a ti, cada aspecto, cada percepción, cada comprensión, cada intento, todo lo benéfico absorbido por tu percepción, absorbido por tu gesto de este recuerdo. Y todas estas sabidurías y todos estos aprendizajes se unen en tu mente consciente y en tu mente subconsciente para tu beneficio, para tu crecimiento.

Y a medida que absorben de cualquier manera que elijan absorber estas lecciones y sabidurías beneficiosas, esta memoria, tal como está frente a ustedes, comienza a cambiar. A medida que la sabiduría, las lecciones y el aprendizaje, no solo de ustedes, sino de todos los demás y de todo lo demás de esta memoria, se absorba en sus mentes. Y la memoria cambia; Como todo lo que queda de esta memoria no tiene ningún valor, para usted, para su mente consciente o subconsciente, todavía, colgando de un cable, ascendió por encima de su línea de tiempo, con todas las lecciones, aprendizajes y sabidurías eliminados por su percepciones, eliminadas por sus gestos, absorbidas en su mente, no queda nada de valor en esta memoria, y el cable, o cualquier aparato que ayudó a esta memoria a ascender hacia usted, continúa haciendo que esta memoria ascienda, con todas las lecciones desapareciendo ,

mundo. Usted, flotando sobre su línea de tiempo con su vista de pájaro sobre sus recuerdos pasados, con toda la sabiduría y el aprendizaje de este recuerdo, almacenado ahora dentro de su mente consciente y subconsciente, donde ahora puede percibir conscientemente el aprendizaje, juzgar conscientemente en sabiduría, y todas las otras cosas maravillosas que el consciente puede hacer y el subconsciente, reforzando sus propias elecciones conscientes sobre sus lecciones, su sabiduría, su aprendizaje de esta memoria, y el subconsciente reforzando su elección consciente, sobre otros aprendizajes, lecciones, sabidurías, de esta memoria.

Mirando hacia abajo ahora, en tu línea de tiempo pasada, imagina de cualquier manera que elijas imaginar o fingir imaginar, que estos aprendizajes y sabidurías, estas lecciones de esta memoria pasada, pueden flotar de regreso a tu línea de tiempo pasada, siendo lecciones y aprendizajes. , sabidurías, percepciones conscientes, entendimientos y juicios hasta donde esta memoria ascendió. Y mire, o pretenda mirar, desde su lugar seguro arriba, mientras estos aprendizajes, sabidurías y lecciones que abarcan todo, de esta memoria flotan de regreso a este punto en su línea de tiempo, entre sus otras memorias pasadas, y observe lo que le sucede a sus recuerdos de la línea de tiempo pasada a medida que estos aprendizajes toman su lugar una vez más, en sus recuerdos pasados. Observe su línea de tiempo, observe cualquier cambio en textura, dimensión, luminosidad o brillo, observe todos y cada uno de los cambios como estos aprendizajes, sabidurías, lecciones y entendimientos vuelven a ocupar su lugar en tus recuerdos pasados. Observe cómo estos aprendizajes, sabidurías y comprensión se irradian a través del resto de su línea de tiempo, observe la conexión de todos sus recuerdos. Observe, incluso, su ahora, tal como está posicionado en su línea de tiempo en relación con su pasado y su futuro, y observe cualquier cambio en su ahora, con sus nuevos aprendizajes, sabidurías, lecciones, percepciones y entendimientos de esta memoria. Y si has notado algún cambio en tu línea de tiempo, entonces nota el poder que tienes como ser humano en tu mente para cambiar no solo tu presente, sino también tu pasado, para aprender, para adquirir sabiduría, no solo para ti y para ti. de ti mismo, sino para y de los demás. Fíjate en el poder que tienes al ser humano. Ahora imagina, flotando de regreso por encima de donde estás posicionado en tu presente, y aprendizajes y sabidurías irradiando a su ahora, irradiando incluso a sus mañanas. Asegurándote de que eres tú y solo tú y todos ustedes, imagina flotando de regreso a ti en tu presente ahora. Y nota cómo te sientes ahora, nota cómo piensas ahora, nota sensación, nota conciencia, cosas que sabes que sabes, cosas que eres consciente de que eres consciente en tu presente, en tu ahora, y recuerda tu poder no sólo en tu ahora. Notando tu respiración, notando la sensación corporal agradable normal, notando tu entorno, percibiendo con tus nuevas lecciones y aprendizajes y sabidurías y entendimientos, abre tus ojos".

Gracias.

Imágenes guiadas completas.

Capítulo 10

OTROS EFECTOS DE LAS ADICCIONES

Nosotrosnacen sin todos los programas funcionando en nuestra mente consciente y subconsciente. Cosas como los recuerdos mortales aún no están ahí. Estamos aquí como bebés y todo lo que experimentaremos aún no ha sido experimentado, por lo que no ha sido percibido, procesado o almacenado. La lingüística es un proceso y una función primaria de programación de nuestro cerebro. Solo las palabras simples usadas a nuestro alrededor, dentro de nosotros, por nosotros, palabras y frases simples programan mucho de nosotros. La palabra "todavía" presupone que sucederá, "querer" indica falta de, "de" indica función, "pero" anula lo dicho anteriormente. Independientemente de su pensamiento consciente de una palabra, la palabra significa lo que significa, en nuestra programación. Las cosas que aprendemos y sabemos pueden seguir apareciendo durante décadas después de haberlas aprendido y conocido. Ya sea que nos guste o no, es solo parte de nuestros procesos. Si los hemos aprendido y los conocemos, seguirán apareciendo. Lo que aprendemos y sabemos es parte de nuestros programas.

El subconsciente simplemente almacena y procesa la información basada en las respuestas conscientes repetidas a la información. Si la conciencia tiene acceso a la información o no, se basa en las respuestas conscientes. Creo que somos Seres Eternos. Creo que tenemos y viviremos para siempre. Creo que éramos seres inteligentes como seres espirituales antes de recibir nuestros cuerpos físicos. Creo que el conocimiento de nuestra vida antes de venir a esta tierra vino con nosotros a esta tierra en todos y cada uno de nosotros.

Creo que después de esta vida seguiremos viviendo para siempre. Creo que el hombre resucitará gracias a Jesucristo. Yo creo cuando resucitemos y continuemos nuestro eterno

progresión, recordaremos la experiencia de esta vida. Por lo tanto, no tiene sentido para mí que cada individuo, al dejar el cielo para venir aquí, tuviera que dejar sus recuerdos y conocimientos de esa eternidad en el cielo.

Todoslos comportamientos disfuncionales ocurren cuando uno de los tres sistemas o sentidos se apaga o está a toda marcha. Al igual que con los órganos del cuerpo humano, cuando un órgano comienza a cerrarse o funcionar mal, los órganos relacionados tienen que asumir la función del órgano disfuncional.

Las experiencias negativas registradas en la línea de tiempo están bien. Sin embargo, cuando el sistema límbico necesita información de la memoria de la línea de tiempo, las terminaciones nerviosas sinápticas cambian para saltar a los receptores a través del área de almacenamiento de la memoria, y todas las sustancias químicas negativas se liberan en el sistema del individuo desde esa memoria. El recuerdo en sí mismo rara vez es reconocido por el individuo que experimenta la respuesta de esta neurona disparando en el subconsciente.

Los recuerdos negativos tienden a atascarse (almacenarse) juntos debido a la respuesta emocional común (sistema límbico, sustancias químicas en común), no debido al evento común. Por ejemplo, las emociones de soledad y hambre tienen casi la misma composición química exacta, por lo tanto, la experiencia emocional (respuesta). Entonces, una experiencia de estar solo enciende el sistema límbico y desencadena la misma respuesta química que tener hambre. Por lo tanto, podemos comer y sentirnos mejor de la soledad. Y cuando tenemos hambre, podemos pasar tiempo con un amigo y el hambre puede desaparecer por un tiempo.

Las respuestas emocionales negativas son cuatro veces más frecuentes que las respuestas emocionales positivas. El diccionario enumera aproximadamente 3500 emociones negativas y alrededor de 2000 emociones positivas.

Recuerdos desde su nacimiento hasta ahora, es su archivo de recursos de experiencias. Si todos los negativos están frente a uno mismo, el recuerdo negativo es lo que aparecerá primero.

Las emociones que se hinchan, una tras otra, son un ataque de ansiedad. La ansiedad es una inquietud mental dolorosa o aprensiva, generalmente por algo

inminente o anticipada. La ansiedad es con respecto al futuro. Su mente subconsciente retrocede en busca de la experiencia, espera en el futuro y luego busca en el pasado para encontrar emociones similares y las pone frente a usted nuevamente. La ansiedad flota en la línea de tiempo TDS.

Si vas a buscar las causas de la ansiedad, ésta se alejará de donde estás buscando. Si te acercas, se irá por completo, lo que hará que no tengas una idea consciente de más ansiedad. Enfrentar la ansiedad hará que simplemente desaparezca.

El miedo y la aprensión, el pavor, también son emociones orientadas hacia el futuro, desencadenadas por emociones negativas del pasado y proyectadas hacia el futuro. Recuerde, las emociones tienen una base química y no solo se basan en la memoria o se desencadenan.

La codependencia es una condición psicológica o una relación en la que una persona es controlada o manipulada por otra que está unida a una condición patológica (como una adicción al alcohol o la heroína), en definitiva, la dependencia de las necesidades o el control de otra. La codependencia está llena de culpa. La culpa está llena de sentimiento de culpa, culpabilidad, falta, el sentimiento de responsabilidad por un mal. La culpa es una emoción pasada y el pasado está destinado a que se tomen medidas al respecto.

Aprendery crecer a partir de las experiencias de su vida. El Señor no nos da nada que no podamos vencer. Cada miedo, cada debilidad que percibes que tienes es una fuerza dentro de ti que espera ser reconocida, entrenada y cumplir la función que está aquí para hacer.

IMAGEN GUIADA DEL DON

Diálogo de imágenes guiadas:

"Colóquese en un área y una posición tranquilas y cómodas y comience a permitir que su mente simplemente se pregunte. Enfocando tu pensamiento consciente, simplemente sobre las palabras, "Me pregunto", permitiéndote comenzar a experimentar o imaginar experimentar "maravilla".

Tener los ojos cerrados y concentrarse en relajar la respiración, notar cualquier sensación mientras se enfoca en sus propios pensamientos de "pregunta".

Cuando viniste a esta tierra trajiste un regalo para alguien de tu familia. Un regalo para ayudarlos, para ayudar a sacar en ellos una fuerza que tienen dentro de ellos. Una fuerza que pueden haber olvidado sobre una fuerza en algo en su vida aquí, puede haberla tomado a través de sus propias experiencias de vida.

Túpuede haber llevado esto contigo durante gran parte de tu vida, preguntándote qué significa, preguntándote por qué lo tienes dentro de ti, preguntándote qué se supone que debes hacer con esto.

Esto no es tuyo, ni tuyo, nunca lo fue, y nunca será tuyo. Este aspecto en ti pertenece a un miembro de la familia, tal vez un hermano, un padre, las relaciones de tus padres o hermanos, tal vez la relación de toda tu familia con la comunidad o incluso con Dios.

Alguien, de alguna manera dentro de su familia, tiene la fuerza, el potencial, la habilidad dentro de sí mismos, algo que nunca han reconocido o reconocido dentro de ellos.

A veces, es posible que no hayan entendido tu aspecto, este aspecto, que ni siquiera eres tú, en absoluto, solo lo traes a la tierra para ayudarlos a reconocer más su propio ser interior.

Túpuede o no saber conscientemente los detalles exactos de este regalo que tienes para ellos, este aspecto de ti, que no eres tú ni siquiera es tuyo.

Ahora es el momento, el momento para que les des este regalo para que ellos hagan lo que elijan hacer con este regalo. Es hora de que lo sueltes, déjalo ir, dáselo con amor y cuidado a la persona o personas para las que lo trajiste aquí.

Ahora, solo imagina o pretende imaginar tener un recipiente para poner este regalo y envolverlo, como eliges envolverlo. Imagina o finge imaginar dando este regalo a la persona a la que pertenece.

Pueden responder de cualquier manera que imagines que responderán al recibir el regalo. Pueden o no abrir el regalo frente a ti, pueden o no aceptar el regalo de ti. Solo imaginas o pretendes imaginar cualquier cosa que pueda suceder mientras les das el regalo.

Después de darles el regalo, imagina o finge imaginarte diciendo cualquier cosa que elijas decirles y recuerda agradecerles por darte la oportunidad de traerles este regalo".

Gracias.

Finalización de imágenes guiadas

Capítulo 11

IDENTIDAD Y ADICCIONES

El verdadero "ojo" está en el "yo" de la Identidad. ¿Qué significa realmente este pequeño dicho? El "ojo" es un elemento sensible a la luz del cuerpo que es el órgano de la vista que forma imágenes. La vista por los ojos se utiliza como facultad de percepción y apreciación intelectual o estética. La palabra "ojo" también indica algo de significado como el ojo del corte de carne, estar observando y saber lo que está pasando, un paso a través de algo. Lo que en realidad vemos es lo que en realidad es nuestra propia Identidad. No solo no verás en otro o en tu entorno nada que no esté ya en tu propia Identidad, sino que Solo Verás en los Demás y en Tus Entornos cuál es tu propia Identidad. Este es un sistema cerrado.

La identidad indica una similitud de carácter esencial o genérico en diferentes instancias. Semejanza en todo lo que constituye la realidad objetiva de una cosa (como en "Unidad"). Entonces, no hay un objetivo real de una realidad para un sistema cerrado; la percepción de los sistemas cerrados de la realidad es su propia Identidad. La identidad es el carácter distintivo y los rasgos de personalidad del individuo. La identidad proviene de la relación que establecen nuestros Modelos y Programas psicológicos de creencia sobre nosotros mismos. No podemos ver nada más allá de nuestro ser, la unidad de la igualdad de la Identidad del Ser es el ojo, yo, son tus percepciones. Solo podemos ver la similitud del carácter esencial o genérico incluso en instancias completamente diferentes de un reflejo de nuestro carácter y nuestra propia personalidad. No vemos aquello con lo que no nos identificamos. Sólo vemos aquello con lo que nos identificamos. Esto constituye la realidad objetiva de todo lo que vemos. Es todo lo que somos. Esta realidad es subjetiva y es una realidad de sistemas cerrados.

La identidad se convierte en el elemento real de nuestro ser. La identidad es la sustancia que crea nuestra realidad. Un elemento es una sustancia real que se puede juntar con otras sustancias y crear y componer una variedad de cosas. Por lo tanto, los Elementos no son complicados porque realmente son los principios y partes más simples de cualquier tema o estudio. La identidad es el elemento principal, el "ojo" de la "aguja", (sin juego de palabras), por así decirlo. El órgano elemento formador de imágenes de todo lo que percibimos es nuestra propia identidad.

Túno puede experimentar algo; no crees en; tampoco puedes ver algo que no eres. Entonces, solo podremos ver con nuestro ojo humano cosas que ya estamos considerando como nuestra propia Identidad. Este es un sistema cerrado.

La identidad es la base de todo lo que somos capaces de percibir, evaluar, juzgar y decidir en nuestra mente consciente. Un sistema cerrado de base propia y ajena. La identidad es muy consistente y no cambia de una situación a otra. Esta base puede sentirse e incluso aparecer como una buena base. Sin embargo, nunca aprenderá, cambiará o crecerá como un sistema cerrado.

Todoslos datos van primero a la parte subconsciente de nuestro cerebro. Allí, se procesa en un patrón específico en el subconsciente. El subconsciente es parte de un Elemento u órgano del cuerpo, al igual que otros Elementos y órganos. La forma en que procesa y funciona no cambia de persona a persona, no más que un corazón cambia o funciona de manera diferente de persona a persona. Todos nuestros sistemas y órganos funcionan como creados para los seres humanos y conocen su propia función, nadie tuvo que enseñarles a trabajar, ya saben qué hacer. Así como nuestras debilidades se convierten en nuestras fortalezas, solo es cuestión de levantar nuestras propias creencias autolimitantes (nuestra visión de nosotros mismos). Una vez que esto ocurre, el Elemento conoce su Función, simplemente lo reconocemos y lo usamos bien (lo entrenamos) en nuestras vidas.

Nuestra Identidad es un Modelo y Programa creado a través de la Correspondencia entre la mente consciente y subconsciente.

Una vez creado ese Modelo y Programa de Identidad, al igual que todos los demás Modelos y Programas creados a lo largo de nuestra vida. Los programas no irse. No hay forma de "cambiar" un Modelo o Programa subconsciente y no hay forma de hacer que la Función o Proceso subconsciente sea diferente a la forma en que se creó para Funcionar y Procesar. Sin embargo, puedes crear Nuevos Modelos y Programas a lo largo de toda tu vida.

EsoSe afirma que Albert Einstein utilizó el 10% de su cerebro. Eso deja el 90% para seguir usándolo, recopilar datos, crear y archivar nuevos modelos y programas. La ciencia ha descubierto que si se extrajera todo el sistema nervioso central de un ser humano y se colocara en una sola línea de nervios, esta línea de nervios daría la vuelta a la Tierra y saldría a Júpiter y regresaría varias veces.

Hasta que se cambie nuestra Identidad, es imposible cambiar lo que vemos, oímos, sentimos, olemos, saboreamos o nuestras intuiciones. Percibir, evaluar, juzgar y decidir está todo basado en nuestra propia Identidad con todas nuestras visiones disfuncionales del mundo y las creencias limitantes de nuestra propia visión. Sí, los datos irán al subconsciente, pero no subirán al consciente para ser percibidos, evaluados, juzgados o decididos. Ni siquiera sabrás que está ahí hasta que sea parte de la forma en que ves el mundo y a ti mismo. Hasta que los datos lleguen al consciente para que el consciente haga su trabajo con los datos, puede que ya haya o no un modelo o programa para que el subconsciente agregue los datos. Su procesamiento consciente es lo que determina la forma en que se utilizan los datos. El "ojo" Real es el "Yo" de la Identidad.

La "Identidad" de un Sistema Cerrado se convierte en los límites y limitaciones que mantienen el sistema cerrado. A menudo, para el Adicto, esto se convierte en mentiras, robos, negaciones, fugas y muchos otros comportamientos dañinos y dañinos, patrones de pensamiento y respuestas emocionales.

Nuevamente, estos son modelos y programas. ¿Se pueden cambiar? No. Sin embargo, puede crear nuevos modelos y programas y practicar su uso para fortalecerlos. Algo así como un proceso natural en la vida, aunque no es fácil.

A menudo, el simple hecho de conocer la Estructura, los Patrones y los Procesos de estos patrones naturales de vida puede ayudarnos a cambiar. Las Escrituras indican que el Señor no nos da nada que no podamos vencer. Hablan de darnos debilidad para que podamos conocer nuestras fortalezas. Estas y muchas escrituras explican fácilmente muchos procesos naturales que el hombre ha descubierto sobre la forma en que

funciona el cerebro humano. La Estructura, Patrones y Procesos de la mente, los diferentes Elementos de la mente humana y sus Funciones, las formas en que se corresponden entre sí, basados en las leyes Físicas de Similitudes y Unidad.

Dios creó al hombre a Su propia imagen también se afirma en las Escrituras. El Nuevo Testamento habla de muchos milagros que Cristo realizó durante Su tiempo en esta Tierra. En muchas de estas escrituras, Cristo le dice a la gente que es por su fe que son sanados. Cuando Cristo caminaba sobre el agua y Su apóstol quería caminar con Él. Cristo extendió la mano y lo salvó cuando se hundió en el agua y Cristo le dijo: "Hombre de poca fe".

Comoun padre o un ser querido de un adicto, ¿cuál es su identidad de sí mismo? ¿Cuál es su identidad de su ser querido que sufre con la adicción? ¿Cuál es la identidad del adicto?

Las cosas que su conciencia podrá percibir, evaluar, juzgar y decidir estarán todas basadas en sus Modelos y Programas de "Identidad" ya creados en el subconsciente.

Sin esperanza, indefenso es un Sistema Cerrado y la Identidad en un Sistema Cerrado son los Pensamientos, Emociones y Comportamientos que mantienen el sistema cerrado.

TRASTORNO DISCONTINUO:

El desorden es una parte natural de la mortalidad. El trastorno continuo es una repetición del mismo comportamiento una y otra vez, con la esperanza de tener una respuesta diferente. El Desorden es un proceso natural de la vida y el Elemento del Futuro en la Totalidad del tiempo es el Desorden. Si el futuro estuviera destinado al orden, no habría opción de Elección ni Cambio. Cuando el desorden se convierte en un proceso continuo y repetido del mismo desorden una y otra vez.Este es un Sistema Cerrado.

El desorden discontinuo es un Sistema Abierto. El desorden es para que se aprendan nuevas experiencias y lecciones. El desorden en un sistema abierto no continúa,

se supera, y el sistema abierto gana mayor conocimiento y nueva identidad. El desorden no deja de venir, eso es mortalidad; vivir con el desorden, aprender y crecer. El desorden en sí mismo es un elemento del tiempo futuro; de lo contrario, el futuro sería ordenado y no tendríamos ninguna oportunidad futura. El desorden cumple un gran propósito en nuestras vidas para cambiar y elegir. El desorden continuo está en un sistema cerrado, mientras que el desorden discontinuo está dentro de un sistema abierto. El trastorno que se reconoce como realmente se evalúa, juzga y decide sobre la base del crecimiento y el cambio del sistema abierto.

El desorden discontinuo da como resultado un crecimiento y un cambio constantes. Desorden que surge en una vida o situación y se trata encontrando una solución al desorden, este es el desorden discontinuo. Superando cada trastorno a medida que aparece y creciendo y aprendiendo con cada trastorno a lo largo del camino de la vida. No tendremos un orden completamente asegurado en nuestras vidas ni en las experiencias de la vida, aunque reconocer, adquirir conocimientos y nuevas teorías de la vida e implementar las teorías para expresar nuevos conocimientos es un camino que todos somos capaces de recorrer. Trastorno Discontinuo a través del cual adquirimos mayor conocimiento, superando nuestras creencias limitantes de nosotros mismos, adquiriendo sabidurías, fortalezas, es nuestro propósito de estar aquí.

Los límites permeables son los límites de un Sistema Abierto. El ojo del sistema abierto puede ver todos los datos y comentarios en todo su entorno. Los sistemas abiertos pueden ver lo imprevisible, lo imprevisto y lo imprevisto. Un "ojo" de identidad de sistema abierto, la percepción se vuelve más allá de toda expectativa de posibilidades y observa más allá de los límites limitados. Identidad de "Ojo" impredecible, con los límites de su percepción reflejando; la retroalimentación impredecible, imprevisible, imprevista e imprevista de su entorno.

La identidad de un Sistema Abierto es impredecible, varía y cambia con todo lo que ve. Los Sistemas Abiertos son seres humanos muy raros. Estar abierto a todos y cada uno de los comentarios y datos de su entorno sirve para brindarles un gran conocimiento y sabiduría. Los Sistemas Abiertos disciernen muchas cosas sobre sí mismos y sobre los demás, observan lo inobservable, reconocen lo irreconocible en los demás y en el mundo que los rodea. Sistemas abiertos tienen acceso a su propio conocimiento, lo que a veces puede sorprenderlos incluso con la facilidad con que llega a su mente consciente. Cada experiencia que tiene un Sistema Abierto es una experiencia de aprendizaje y habiendo descubierto cuanto más aprende, más hay que aprender. Un Sistema Abierto tiene una multitud de opciones para lidiar con los problemas de la vida y, a menudo, ya se han preparado para ellos incluso antes de que lleguen. El desorden en la vida de un Sistema Abierto es discontinuo porque la sabiduría y el conocimiento personal crecen automáticamente.

Una vez más, ser un sistema abierto rodeado de sistemas cerrados requiere sabiduría, elección y tiempo; sistema abierto es un proceso continuo que es una parte natural de ser un sistema abierto. Los sistemas abiertos piensan, sienten y hacen diferente con cada experiencia de vida, se comunican, superan y crecen independientemente del desafío que se les presente.

Solo practica observando; escuchar y ver lo que sucede en su entorno sin evaluarlo ni juzgarlo todavía. Sólo observa tu entorno. Esto puede ser difícil con tantos sistemas cerrados a tu alrededor juzgando por ti, evaluando por ti. Que juzguen, evalúen y hasta decidan. Sin embargo, no para ti.

PRIMER ELEMENTO DE SER UN SISTEMA ABIERTO:

ADMITIR RETROALIMENTACIÓN A TRAVÉS DE LOS LÍMITES DEL SISTEMA INTERCAMBIABLES.

UnEl sistema abierto admite comentarios de su entorno en su sistema y transmite comentarios de su sistema de vuelta al entorno libremente. Los Sistemas Abiertos tienen un campo de conciencia unificado para toda la retroalimentación en su campo. Este campo unificado es holográfico e identificable por la ilustración a continuación. Admitir solo significa PERMITIR, permitir el alcance de, permitir la entrada. La retroalimentación se admite y se devuelve al entorno a través de los límites de los sistemas alrededor del sistema. Entonces, la retroalimentación del entorno se reconoce, se reconoce, se admite dentro y fuera de los límites del sistema.

Holográfico, en lo que respecta a la Teoría de la Transformación Humana Holográfica, solo se refiere al sentido del sonido y la vista a través de los límites del sistema. Todo lo que hay que admitir en los límites de los sistemas es lo que se oye y se ve en el entorno de los sistemas. Lo que se escucha y lo que se ve es la categoría de lo que se denomina retroalimentación desde y hacia el entorno de sistemas. Este proceso de Admisión es solo un proceso Mental, una conciencia de lo que se escucha y se ve en el entorno. Simplemente reconociéndolo, reconociéndolo y permitiéndolo en el sistema mismo. Realmente es así de simple. El aspecto difícil está en controlar nuestra propia naturaleza consciente y NO saltar a evaluar, juzgar y decidir sobre lo que el sistema escucha y ve. Los límites son permeables. Evaluar, juzgar y decidir no está dentro de los límites del sistema. La conciencia es la función específica de los límites del sistema. Una cosa es saber la verdad de lo que está pasando en su entorno y un Sistema Abierto reconoce y conoce su entorno. Los límites del sistema no se refieren a lo que el sistema tolerará y no tolerará, los límites de un sistema abierto se refieren a lo que el sistema ve y escucha de su entorno. Percibir, poder ver y escuchar la realidad de nuestro entorno nos ayuda a ver y escuchar lo imprevisto, lo imprevisto. Una vez que este Elemento de un Sistema Abierto se logra o logra, los otros 2 Elementos del Sistema Abierto entonces hacen su Función y Proceso. Sin la implementación del 1er Elemento, no hay realidad, no hay "Ojo" en Identidad para que el sistema funcione correctamente. Esta es la misma Función y proceso de los límites del Sistema Abierto después de que el sistema ha completado su proceso de sistema interno y está listo para Expresar su Identidad de "Ojo" de regreso a su entorno a través de los mismos límites del sistema. Expresa su retroalimentación de manera que el entorno pueda ver y escuchar por sí mismo la expresión del sistema abierto a su entrada.

Entonces, los límites de un sistema abierto solo admiten la retroalimentación correspondiente entre el sistema y su entorno.

SEGUNDO ELEMENTO DE SER UN SISTEMA ABIERTO:

ACEPTA LOS COMENTARIOS DEEL MEDIO AMBIENTE.

Aceptar los Datos, dialogar los Datos. Experimenta el Diálogo de los Datos. Crear Nuevas Teorías de los nuevos Datos, Diálogo y Experiencias. La Función y el proceso de Aceptar es simplemente tomar los sonidos y las vistas del entorno y escribir o juntar mentalmente los Datos en un formato de diálogo escrito. Tan simple como este ejemplo: escuché un perro ladrar y una voz masculina gritarle al perro que dejara de ladrar. Al mismo tiempo, vi un camión azul y lo escuché tocar la bocina. Vi al hombre que le gritó al perro correr hacia el perro que ladraba, y el camión viró para no atropellar al perro, y el camión golpeó la boca de incendios.

Utilizar todos los Datos del entorno y escribirlos o juntarlos en un formato de información e informativo. Este proceso consiste en evaluar los datos del entorno con el fin de descubrir teorías para que el sistema considere implementarlas. Juzgar y decidir no es parte del proceso teórico de este elemento de aceptar los datos en un sistema abierto. El diálogo se crea sin prejuicios ni opiniones, sólo como hechos de lo que es y fue oído y visto. Este diálogo se analiza objetivamente y se consideran nuevas teorías para implementar en respuesta al diálogo. El Feedback del entorno de sistemas está destinado al crecimiento del sistema, especialmente cuando el Feedback es repetitivo en el entorno. El sistema abierto responde a la retroalimentación solo después de que el sistema abierto haya convertido la retroalimentación en información para el sistema,

El proceso de la teoría es solo los hechos y circunstancias de lo que se ve y se escucha en una frase. Este es un pensamiento abstracto que aún no se ha probado. Como en el ejemplo del perro que ladra; la teoría podría ser que a las personas no les gusta golpear perros.

TERCER ELEMENTO DE UN ABIERTOSISTEMA: EXPRESS.

Este proceso es físico y procesos futuros, mostrados a través de nuestro

comportamientos, nuestro carácter y nuestras estrategias. Esta es la implementación de la información que hemos recopilado y la adquisición de conocimientos mediante la implementación de nuevas teorías a partir de la información. Esto es experimentar y compartir, así como vivir nuestras vidas por medio de estas experiencias. Devolver nuestro aprendizaje y comprensión al entorno mientras permanecemos abiertos a más información, nuevas teorías y procesos para implementarlos. Este ser un tercer elemento consiste en el final del ciclo de los tres elementos de un sistema abierto y un nuevo comienzo de una continuación de ser un sistema abierto.

Cada vez a través de la obtención de más conocimientos para implementar y expresar de nuevo en el entorno mientras recibe nueva información y nuevas teorías para implementar a través de la expresión de comportamientos, creencias, procesos, estrategias y funciones. Aquí es donde la conciencia juzga y decide y comienza de nuevo la función de percibir.

ELEMENTOS DE LA MEMORIA:

* VerdaderoMemoria: Utilizada para crear nuestra Identidad y nuestra Personalidad.

* Memoria vicaria: Usada para crear nuestra Respuesta Emocional y nuestraProcesos de comunicación.

* Memoria genética: se utiliza para crear nuestras creencias fundamentales sobre nosotros mismos, funciones y estrategias.

The Conscious

A Whole Bit of information consists of:

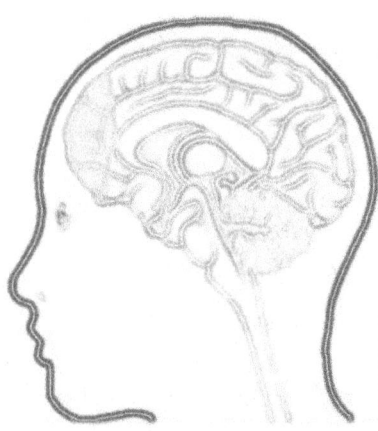

Content : raw data

Context : information that gives data meaning

Intent : a direction of action.

Three different decisions are available from each whole bit

1. Take Action
2. Let Someone Else Take Action
3. Do Nothing

The Subconscious

Filters information for conscious use:

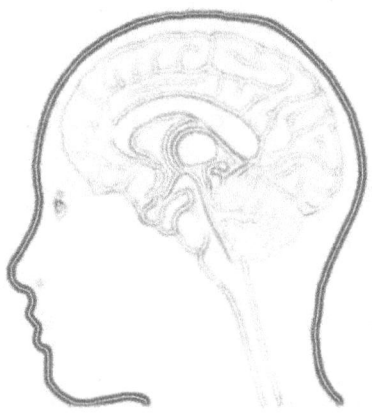

The subconscious filters sensory information in a pattern called a meta program.

Meta programs filter by deleting, distorting or generalizing information by sense. The info then may come up to conscious awareness.

Meta programs themselves may function beyond conscious awareness, however.

Repita las tareas de este libro, practique la implementación de su mayor conocimiento.

Lee y vuelve a leer la nueva información de este libro para que también puedas entenderla y expresarla en tu experiencia de vida.

Aprender más de esta información y la Teoría Holográfica de la Transformación Humana puede ofrecerle asistencia para superar sus programas mortales. Lo cual, a su vez, puede ayudarlo a estar más abierto a las enseñanzas y los principios del Evangelio y convertirse en el "usted" que puede ser.

Glosario:

Aceptado: simplemente significa que el reconocimiento de ello se dialoga internamente dentro de un Sistema Abierto mismo (usted) y Nuevas Teorías de lo que podría significar y cuál podría ser el mejor enfoque para tratarlo seguido de una discusión de esto con el Sistema Cerrado.

Adicto - significa dedicarse o entregarse a algo de manera habitual u obsesiva, ser adicto significa cometer por un acto solemne, muchas veces por motivos apremiantes y apego a un objetivo. Un hábito es la disposición predominante o el carácter de los pensamientos, sentimientos y comportamientos de una persona. Nuestros pensamientos, sentimientos y conductas se comprometen por acto solemne y por motivos imperiosos y de apego al objeto al que somos adictos. Nada más importa realmente. No otros, no uno mismo, la adicción es como el cáncer y como el cáncer puede matar al adicto.

Adicción: la adicción es una necesidad compulsiva y el uso de una sustancia conductual o adictiva caracterizada por la tolerancia y por síntomas fisiológicos bien definidos al momento de la abstinencia.

Adicción a nivel mental: las adicciones a nivel mental pueden aparecer como patrones de pensamiento aparentemente inocentes, percepciones con opiniones fuertes. Estos patrones de pensamiento pueden volverse muy dañinos, incluso destructivos para uno mismo y para los demás.

Las adicciones a nivel emocional son respuestas emocionales habituales que también pueden dañar a uno mismo ya los demás.

Las adicciones a nivel físico son las más obvias y juzgadas por otros. La adicción a este nivel puede ser ilegal e incluso causar la muerte.

Sistema adictivo: los sistemas que están cerrados a las formas naturales de retroalimentación se convierten en sistemas adictivos.

Admitido: simplemente significa aquí el reconocimiento, la percepción, realmente ver y escuchar lo que dice el adicto, cómo se siente el adicto y qué hace el adicto.

Anomalías: las anomalías son información que va en contra de los comunes (creencias, normas). En realidad, las anomalías están integradas en el sistema desde el principio. Las anomalías se desvían de las reglas y pautas volviéndose contrarias al propósito general. Las anomalías son inconsistentes o se desvían de lo que es habitual, normal o esperado. Una anomalía es "incierta de naturaleza o clasificación" y se desvía de la norma.

Sistema Cerrado - Un sistema adictivo. Se convierte en nada más que los mismos límites y limitaciones para mantener el sistema cerrado. La identidad real de la persona parece desvanecerse y todo lo que parece quedar de ella es la base de la adicción. Toda nuestra identidad parece convertirse en pensamientos, sentimientos y comportamientos que ayudan a tolerar la adicción.

Codependencia: es una condición psicológica o una relación en la que una persona es controlada o manipulada por otra que está unida a una condición patológica (como una adicción al alcohol o la heroína), en resumen, dependencia de las necesidades o control de otra. La codependencia está llena de culpa. La culpa está llena de sentimiento de culpa, culpabilidad, falta, el sentimiento de responsabilidad por un error.

Educar - Sacar.

Elementos - Entidades separadas con su propia identidad y función que trabajan con otros elementos a través de la correspondencia trabajando de manera interdependiente e interrelacionada para formar un todo.

Entropía: se considera una medida de la energía no disponible en un sistema cerrado que también suele considerarse la medida del desorden del sistema. La función de la entropía es el estado último de uniformidad inerte, una falta de poder de movimiento. Un deficiente en propiedades activas

vencera la falta de acciones habituales o previstas, simplemente la entropía (*energía no disponible) es inhábil. La entropía liberó su energía disponible en un esfuerzo por evitar el cambio debido a que no estaba capacitada para cambiarse a sí misma.

Expresado: es simplemente el hacer constante y repetido del enfoque de "lo que podría ser mejor" para tratar con lo que se reconoció y percibió.

Declaraciones de "Yo soy" - son declaraciones de Nivel de Identidad.

Metaprogramas: los principales metaprogramas: memoria, tiempo, identidad, comunicación, sabiduría, familia, solo para enumerar algunos.

Sistema abierto: los sistemas abiertos son sistemas que reciben comentarios, datos e información de su entorno y entorno y los procesan.

Permeable -Penetrable.

El cuerpo de la mente y las emociones (espíritu) de Quantum tienen dos saltos cuánticos cada uno.

1. Derecha
2. Dios
3. La vida

4. Incorrecto
5. Uno mismo
6. Muerte.

Rechazo- El rechazo de una propuesta. Rechazar la desaprobación, negarse a aceptar las indicaciones internas, y mucho menos la retroalimentación externa. El acto de rechazar rechazar, desaprobar y simplemente darse por vencido. Lo contrario de Rechazares Aceptación.

Represión - Contramedida, contra, revuelta. Restricción, supresión, pacificación. La acción o procesos de reprimir y el estado de ser reprimido. Un proceso mental por el cual los pensamientos angustiosos, los recuerdos o los impulsos que pueden generar ansiedad se excluyen de la conciencia y se dejan operar en el subconsciente. Sofocar o impedir el desarrollo natural.

Estabilidad: se vuelve disfuncional porque un Sistema Cerrado solo puede duplicarse a sí mismo, por lo tanto, los Sistemas Cerrados se vuelven generacionales.

TDS - Búsqueda Trans Derivacional - Una búsqueda multidireccional de información a través de todos los sistemas del cuerpo.

Tolerancia- Lo que sucede con una adicción con respecto a la tolerancia es que se necesitan más y más comportamientos y/o sustancias debido a la "tolerancia", para obtener la misma respuesta para aliviar los motivos apremiantes con respecto al objetivo de la adicción. El objetivo de la adicción no es la sustancia, es el sentimiento de respuesta de escapar del yo. El yo nunca desaparece en esta vida o en la vida venidera y la adicción no es la respuesta al odio y la humillación del yo.

Totalidad-Es todo un sistema. Cuando todos los sistemas están abiertos y se corresponden entre sí, tenemos la identidad del sistema completo.

Infranqueabilidad: la infranqueabilidad se trata de opciones, la elección es un síndrome de salto cuántico. Esté dispuesto a dejar ir para ser uno con Dios y con uno mismo y moverse hacia las metas, nutrirse cuando otros no están dispuestos a elegir ir con usted, eligen quedarse.

cuánticos:

1) Correcto e incorrecto - Mente
2) Dios y uno mismo - Emociones o Espíritu
3) Vida y Muerte - Cuerpo

Cada nivel: (Mente, Emociones o Espíritu y Cuerpo tienen 2 saltos cuánticoscada).

Sobre la Autora

Janey Marvin investigó la segunda ley de la dinámica térmica aplicando las leyes y principios del sistema cerrado durante más de una década. Aplicó las leyes y principios de la física a su conocimiento de los comportamientos y patrones humanos. Este trabajo de investigación comenzó a principios de la década de 1990, habiendo sido introducido por la teoría del Paradigma de Thomas Kuhn. El libro Sistema abierto y cerrado se ha implementado en el programa educativo y experiencial para el abuso de sustancias y el tratamiento de salud mental desde que la compañía que ella y un socio comercial incorporaron en 1993. Con mucho éxito con los clientes cambiando sus vidas, muchos clientes creando nuevos caminos para sus familias y la superación de su adicción, esta teoría encaja muy bien con los problemas que enfrenta como ser humano. Janey tiene una manera especial de tomar palabras, experiencias, observaciones, como literal y los desglosa a partir de ahí. Janey ha tenido muchos desafíos en su vida recientemente, siendo uno difícil la desaparición de su hijo mayor, Joshua Simiskey. A través de esta y otras dificultades, Janey creció, superó y siguió siendo capaz de ayudarse a sí misma y ayudar a los demás conociendo esta información, tomándola literalmente e implementándola en sus pensamientos, sentimientos y experiencias de vida.

www.ingramcontent.com/pod-product-compliance
Lightning Source LLC
LaVergne TN
LVHW011710060526
838200LV00051B/2844